2021年度山西省创新生态建设顶层设计研究重点项目『智慧监督工程理论研究』和2021年度内蒙古纪检监察大数据实验室开放课题『大数据技术视域下监督贯通底层模型设计问题研究』研究成果

计算政治学理论与实务研究

纪检监察智慧监督体系构建研究

褚尔康　彭瑞峰◎著

山西出版传媒集团
山西经济出版社

图书在版编目(CIP)数据

计算政治学理论与实务研究. 1，纪检监察智慧监督体系构建研究 / 褚尔康，彭瑞峰著. -- 太原：山西经济出版社，2023.1

ISBN 978-7-5577-1066-8

Ⅰ. ①计… Ⅱ. ①褚… ②彭… Ⅲ. ①计量政治学—研究 ②中国共产党—纪律检查—工作—研究 ③行政—监察—工作—研究—中国 Ⅳ. ①D0-05②D262.6③D630.9

中国版本图书馆 CIP 数据核字(2022)第 215853 号

纪检监察智慧监督体系构建研究

著　　者：褚尔康　彭瑞峰
出 版 人：张宝东
责任编辑：解荣慧　赵　娜
封面设计：赵　娜

出 版 者：山西出版传媒集团·山西经济出版社
社　　址：太原市建设南路 21 号
邮　　编：030012
电　　话：0351-4922133（市场部）
0351-4922085（总编室）
E-mail：scb@sxjjcb.com（市场部）
zbs@sxjjcb.com（总编室）

经 销 者：山西出版传媒集团·山西经济出版社
承 印 者：山西新华印业有限公司

开　　本：787mm × 1092mm　1/16
印　　张：9.25
字　　数：142 千字
版　　次：2023 年 1 月　第 1 版
印　　次：2023 年 1 月　第 1 次印刷
书　　号：ISBN 978-7-5577-1066-8
定　　价：89.00 元（全二册）

序 言

正在学习研究二十大报告《高举中国特色社会主义伟大旗帜，为全面建设社会主义现代化国家而团结奋斗》，尔康教授来电，要为他们的新著《纪检监察智慧监督体系构建研究》作序。我 2014 年 4 月起应邀任中共山西省纪律检查委员会特约研究员，2013 年 3 月受中共山西省纪律检查委员委托主持《行政问责条例若干问题研究》项目，2016 年 3 月受中共阳泉市纪律检查委员会委托主持《阳泉市加强对“一把手”监督制度研究》项目，参与《中华人民共和国监察法》《中华人民共和国公职人员政务处分法》等立法论证，一直关注着纪检监察理论研究的前沿动态，喜见《纪检监察智慧监督体系构建研究》新著，欣然应允。

党的二十大报告中自豪地宣布：“经过不懈努力，党找到了自我革命这一跳出治乱兴衰历史周期率的第二个答案……自我净化、自我完善、自我革新、自我提高能力显著增强，管党治党宽松软状况得到根本扭转，风清气正的党内政治生态不断形成和发展，确保党永远不变质、不变色、不变味。”强调“完善党的自我革命制度规范体系”，“健全党统一领导、全面覆盖、权威高效的监督体系，完善权力监督制约机制，以党内监督为主导，促进各类监督贯通协调，让权力在阳光下运行。”深入学习贯彻党的二十大精神，以习近平新时代中国特色社会主义思想武装头脑、指导实践、推动工作，应当围绕新时代监督制度建设的基础性、理论性问题和监督体系制度运行中的重大实践问题展开深入探索，坚定不移推动全面从严治党向纵深发展，以更加科学、更加严密、更加有效的思路举措，推动党中央对于全面从严治党和监督工作的重大决策部署落地生根。推动大数据与监察体制建设的深度融合，不仅是实现国家治理体系现代化建设的重要领域和内容，同时也是推动监督体系建设规范化、科学化的重要方式。国家监察法治化建设正在深入推进，还面临着一些制度和机制方面亟待解决的问题。监督体系信息化建设还处于理论探索和制度设计初步阶段，大数据监察理念如何确立，大数据监察建设如何加强，建设智慧监督理论如何构建，监督体系如何适应新时代要求等问题还存在一些理论衔接的难点问题。

天津师范大学褚尔康教授和山西省人民检察院彭瑞峰检察官的这本专著，正是基于上述理论和实践背景，围绕纪检监察机关监督贯通融合工作的重要目标要求，按照党的二十大重要部署，注重发挥专责监督推动作用，在推进纪律监督、监察监督、派驻监督、巡视监督统筹衔接的同时，促进党内监督同其他监督贯通协同，有力增强监督治理效能。两位同志不仅在理论层面对上述问题做出了系统回应，同时从智慧监督平台设计的角度，围绕监督贯通融合目标的实现，实现各监督系统之间的数据贯通与系统融合，从整体上做出了监督信息化建设的系统性构建，进而在现实监督工作中实现对各监督机制功能的整合，从而达到以系统施治、标本兼治的理念贯通监督、凝聚合力的课题研究目标。

褚尔康是我的研究生，一直好学上进，2008 年毕业后又继续深造，获得博士学位，进行了博士后研究。一直刻苦创新，在学术领域深耕拓土，成果建树颇丰：主持国家及省部级科研项目 10 余项，出版专著 6 部，发表学术论文 60 余篇，曾荣获山西省五四青年奖章，在数字法学、智慧监督领域的研究成果尤其丰硕。期待尔康在新时代继续埋头苦干、实干兴邦，为监督理论研究和监督制度建设做出更大的贡献。

山西大学法学院教授　彭云业

2022 年 10 月 31 日于山西大学蕴华庄

目 录

导 论

中国共产党第十九届中央纪律检查委员会第四次全体会议（以下简称“十九届中央纪委四次全会”）指出，要“建立权力运行可查询、可追溯的反馈机制，加强信息化监督平台建设，以公开促公正、以透明保廉洁”。按照山西省委、省政府关于大力推进数字政府建设工作整体部署，山西省纪委监委积极开展运用大数据、互联网 + 技术和手段与监督结合新途径，部署开展智慧监督工程。目前各项工程进展顺利，智慧监督平台试点工作顺利开展，监督贯通平台建设稳步推进。随着试点工作的开展，山西省纪委监委在党员领导干部违规入股企业、医保领域欺诈骗保、供销系统整治、政法队伍教育整治等领域专项监督工作中积累了丰富经验，在信息监督、数据模型构建、算法开发实现智慧监督平台各子系统建设中取得了初步成效。在系统开发和实践工作取得进展的同时，围绕监督贯通融合、“三不”一体建设领域基础理论问题开展研究的紧迫性日益凸显，要解决实践中存在的诸多理论研究热点和难点问题，亟待底层理论体系的构建与完善。

一、进一步明晰“三不”一体推进机制与智慧监督底层逻辑关系

推动大数据与监察体制改革的深度融合，是实现国家治理体系现代化建设的重要领域和内容。但是，由于国家监察体制改革正在深入推进过程中，还面临着一系列制度和机制方面的紧迫问题亟待解决，监察信息化建设还处于理论探索和制度设计初步阶段。特别是在深化“三不”一体推进机制建设进程中，对于实践中什么是大数据监察理念、如何加强大数据监察建设等问题还存在一些理论衔接的难点问题，从电子政务理论出发探索大数据监察，

从思想理念到技术实现之间的模型构建还存在研究空白。更为重要的是，如何进一步明晰“三不”一体推进机制与智慧监督的底层逻辑关系，对于进一步实现监察信息捕捉、数据挖掘技术运用、大数据分析结论应用等模型构建和系统实现具有重要的基础性作用。

（一）智慧监督本质是以数据为对象实现监督贯通融合目标

促进监督贯通融合是中国共产党第十九届中央纪律检查委员会第五次全体会议（以下简称“十九届中央纪委五次全会”）提出的重要工作任务。监督是纪检监察机关的基本职责、第一职责，要聚焦系统集成、协同高效，推动构建以党内监督为主导、各类监督贯通融合的工作格局，实现党和国家监督体系全覆盖、高质量。因此，纪检监察机关监督贯通融合工作的重要目标要求，就是按照全会部署，注重发挥专责监督推动作用，在推进纪律监督、监察监督、派驻监督、巡视监督统筹衔接的同时，促进党内监督同其他监督贯通协同，有力增强监督治理效能。

在智慧监督平台建设工作中，数据是监督的对象，是进行系统设计建设和运行机制设计的核心对象和焦点内容。从电子政务发展的基本原理和技术手段方式来看，实现以信息化手段解决社会问题需要数据作为客体行为的表征形态和对象。从本质理解，数据形态的存在是对外部实体进行一定程度的简化和必要的抽象，通过运用适当的技术表现形式，揭示和描述实体的基本特征和运行规则。因此，现实性监督客体的行为活动在监督系统中将以数据的形态予以表达和运行。在监督信息系统开发过程中，纪检监察机关各项监督工作所处理和分析的对象总是通过数据形式表现出来的，监督数据只有当数字所蕴含的信息与客观监督活动紧密联系时，才能表现为可供监督系统调整的对象和内容。与此同时，让数据说话、用数据决策、用好数据管理成为信息化时代纪检监察工作的时代特征。因此，从智慧监督平台设计的角度看，监督贯通融合目标的实现，首先是以监督数据贯通融合的形态所呈现，只有实现各监督系统之间的数据贯通与系统融合，才能从整体上实现监督的系统性目标，进而在现实监督工作中实现对各监督机制功能的整合，达到坚持系统观念，运用系统方法，以系统施治、标本兼治的理念贯通监督、凝聚合力的监督目标。

（二）智慧监督运行是以算法为手段实现监督保障执行、促进完善发展重要职能

2021 年 4 月 29 日，中央纪委常委会举行第二十次集体学习，赵乐际书记指出要紧紧围绕《中华人民共和国国民经济和社会发展第十四个五年规划和 2035 年远景目标纲要》（以下简称《“十四五”规划》）实施发挥监督保障执行促进完善发展作用。围绕现代化建设大局发挥监督保障执行、促进完善发展作用，是习近平总书记和党中央赋予纪委监委的重要责任。各级纪检监察机关要认真履职尽责，重点围绕把握新发展阶段、贯彻新发展理念、构建新发展格局、推动高质量发展等加强政治监督，督促各级党组织凝心聚力、担当实干，确保《“十四五”规划》确定的各项任务落实落地。因此，智慧监督平台开发运行必须要以上述重要职能为目标，切实保障监督职能履行，实现高质量发展目标。那么，实现智慧监督对现实监督职能履行的“赋能”成了系统设计与功能实现的重要目标要求。

从信息化建设的本质看，没有数据支持的算法没有任何意义，同样没有算法支撑的数据将是无生命的数字。在智慧监督系统平台建设过程中，数据要素作为系统运行全过程的对象性要素，是纪检监察监督制度体系的关键。但是，仅仅具备数据要素，还远远无法达到数字化发展和信息化建设对纪检监察系统建设的要求，必须从系统运行层面重新对数据进行组织和处理。如果数据各自独立、互不联系，其中所蕴含的信息价值将无法得到有效体现。只有当监督数据资源按照一定规则与秩序相互联系而形成一定的层次结构时，才能实现人的认识能力的飞跃。对监督信息进行深入挖掘和再开发，实现数据集基本构成结构性联系的规则性与秩序性，从而获得原始数据要素所不具备的深层次结构性和体系性规律。因此，构建完善基于以数据要素为中心的算法模型，成为实现统计监督信息化建设的重要内容。同时，监督数据对现实活动的“再入”，是以监督系统的调节功能实现监督活动目标的重要

目标，不仅能够对事物的未来发展进行定量预测，而且能进一步发挥纪检监察在经济社会发展中的监测预警与监督规范作用。运用数据信息对未来经济社会发展进行“介入性”管理，能够实现“数据赋能”，发挥数据资源在国家治理体系中的重要作用。因此，进一步探讨算法设计与确保监督保障执行、促进完善发展作用目标的结合机制是当前理论研究的重点和难点问题。

（三）智慧监督应用是以模型为方式实现“三不”一体推进机制

赵乐际书记指出，要充分发挥全面从严治党政治引领和政治保障作用，锲而不舍落实中央八项规定精神，一刻不停推进党风廉政建设和反腐败斗争，一体推进不敢腐、不能腐、不想腐，把监督融入《“十四五”规划》实施之中，融入区域治理、部门治理、行业治理、基层治理、单位治理之中，努力营造良好政治生态和发展环境。那么，在智慧监督平台开发与应用中，要实现上述目标要求，关键是要做好原型模型的开发工作。在信息时代量化研究社会领域问题，其实现路径可以概括为问题事务模型→观念模型→抽象模型→数学模型，必须经历由社会行为参数抽取→模型化体系构建→计算机数字模拟的过程。而在数学对象和现实对象之间，必须有一个中间环节，那就是抽象模型的构建过程。

对于智慧监督建设工作而言，构建完善实现“三不”一体推进机制建设的相关系统的数学化模型，将文本性的数据量化为可供计算机系统识别和计算的数据种类和结构，是监督模型“数据化”的重要途径。使用数学语言能精确地表达监督对象的内在特征，通过数学上的演绎推理和分析求解，我们能够深化对监督过程中实际问题的认识。实现上述要求，首先需要在实现监察要素定义和计算逻辑体系数字化基础上，形成可行性的规则运行机制，进一步拓展和深化，设计开发出基于数据搜集、管理、监测和评估为一体的智慧监督系统，针对易发多发消极腐败现象的关键环节和重点领域，设置信息化、规范化的防范系统，对搜集到的信息资源进行汇总、综合、分析和反馈，通过设置精确的数值表现和预警指标，构建起新型的反腐倡廉防范监管机制，进一步增强纪检监察工作的科学性、前瞻性和预警性。

二、当前智慧监督平台建设的特点

监督信息化平台建设是信息化与党内监督主体、客体、对象、机制等基本要素相互融合的过程，集中体现了网络技术时代发展的基本特征。随着网络技术手段充分运用，不仅从理论层面丰富了传统纪检监察工作的基本内涵，更从实践层面拓宽了监督实现途径。基于大数据时代新的技术发展需要，在新的技术发展背景下，纪检监察机关不仅要巩固已取得的利用信息技术提高自己工作的科技水平和信息化建设成果，而且要深入研究基于大数据探索创新纪检监察工作，以此分析把握腐败和反腐败的规律与趋势，进一步增强纪检监察工作的针对性、有效性，提高其科学水平。当前，全国各地开展大数据监督平台建设主要呈现出以下几个特点：

（一）信息化建设路径选择呈现多样性

大数据分析反腐败是近几年来基于数据分析、数据挖掘等技术发展起来的科技反腐败新途径。其技术层面的发展另辟蹊径，转而从腐败数据本身进行挖掘来防治腐败，以理性进行反腐败分析模型建构，相对于普通腐败惩防形式是一种革命性的创新思维理念。因此，在新的信息化发展的历史时期，无论是数据获取还是分析运用，都成为把握信息化发展的能力要求。而将大数据的数据挖掘技术和分析方法应用于传统的纪检监察统计中，将大大提升纪检监察数据服务于决策、服务于社会治理体系现代化的能力。当前，各级纪检监察部门主动应对大数据互联网时代新的信息化技术带来的挑战，结合自身工作实际利用大数据和云计算技术，对“互联网＋纪检监察”的理论构建和理念形成开始积极探索，并取得了一些积极成果。这些有益的探索和实践，一定程度上实现了“互联网＋纪检监察”的重要目标，并在信息化平台的建设和应用于党风廉政建设和反腐败工作中发挥了重要的作用。例如，在一些基层纪检监察机关已经建成了集监察信息权威发布平台、网络监督平台、宣传教育平台、互动交流平台于一体的“互联网＋监察平台”，对内提升了纪检监察机关的工作效能，对外为公众提供了更便捷、更畅通的民主监督和诉求表达渠道。这些系统往往采取现代软件工程的分析模式和分析方法，运用较为成熟的过程化描述语言，以成熟的 C/S（服务器 / 用户）结构实现了初步的信息管理共享、数据共享、动态监控、分类监管、统计分析、辅助决策、预警预测等功能形态，从而初步实现了管理模块信息化、执法模式规范化、监管体系一体化的监察监督工作目标。特别是一些先进的纪检监察机关已经基本完成与相关部门信息平台的数据对接，“足不出户”便可直接查询被调查人员基本情况、活动轨迹、社会关系等大量信息，将纪律审查工作人员从效率低下、烦琐费时的来回奔波中解放出来，审查方式逐步实现由人力密集型向信息效率型的积极转变。有的纪检监察机关在现实中积极探索运用大数据分析方法，在信息化系统中自动比对违反中央八项规定精神等违纪违规问题的易发多发领域，对主体责任和监督责任等履职不力的单位进行问责，已经取得了较为良好的实践效果。有的纪检监察机关则是通过对某位党员领导干部个人资产数据的全方位监控来判断其是否存在违反纪检监察法律法规规定的情形。

（二）系统开发所遇瓶颈问题具有相似性

在看到监察信息化建设所取得成绩的同时，必须清醒认识到大数据时代对社会发展的影响程度已经逐步加深，对监察工作所带来的挑战将更为严峻。传统的纪检监察信息化建设一般遵循“自上而下”的实证研究范式，即从已有的理论或监督经验出发，根据理论设定出统计指标，再去利用统计数据进行实证分析和数据建模。这种模式所确立的信息化系统，一般具有体系封闭的特点，虽然功能实现上能够满足监督工作日常要求，但无法适应新的数据环境的监督需要。与此相对应，“大数据”时代采用的是自下而上的数据挖掘方式，是从大量实际产生的数据中通过数据挖掘技术找到数据之间的关系并建立模型，这种以数据为先导的方式颠覆了传统的基于“自上而下”的数据统计研究范式。往往不事先设定具体的研究目的或方法，也没有选择关联关系和假设前提，而是直接从大量实际产生数据中通过算力进行数据挖掘技术找到数据之间的关系并建立数学模型，进而通过数据抽取形成新认知和新理论。特别是目前纪检监察统计分析主要针对结构化的数据展开，处理方法相对单一，只能通过最基本的运算得出一般性的趋势和规律，缺乏对数据的深度分析。尤其是无法对主要指标和数据进行深度解读，无法达到大数据时代数据挖掘的最根本技术特征要求，也就是说两者的深度结合还缺乏一个中间必备的“桥梁”或“纽带”。

（三）智慧监督建设发展方向日趋明确

在传统纪检监察工作模式中，往往是通过举报信息或主动调查取证，对监察对象的监察事项进行分析和研判，最终取得监察结论。但是这种人工方式对于现代社会而言往往力不从心，无法在短时间内高质量地实现监督信息获取。因此，目前各地开发的信息化辅助监督系统，主要集中在通过网络化数据传递方式，将金融、税收、房产、消费等数据信息进行综合采集和获取，并在此基础上进行数据分析和处理，进而实现对被监督对象可能出现的监督线索进行提前预警和辅助研判的目的。这两种形式不同的监督模式，虽然在信息化手段运用层面实现了质的飞跃，但是究其本质而言依然是对有限数据集信息的搜集和整理，从大数据原理角度来看没有本质的结构性区别。在未来信息监督化发展的建设思路上，必然要采取模糊化的综合评判过程，将监督事项的运行结果作为一个“模糊”子集，通过与算法化的规范数据集进行比对，将原本“模糊”的数据升级为较准确、全面地刻画事物本身的本真状况，从而更加系统全面地刻画监督对象的行为轨迹。这种技术发展的突出特点不仅是对数据进行简单的汇总、罗列和比较，更是在面对大量的非结构化数据时，通过专业的数据挖掘与处理技术，对数据的来源、科学性、逻辑性等方面进行判断，进行后期的软件加工和整理。

三、智慧监督工程建设基本建设思路与路径分析

2020 年 12 月，中纪委批复同意山西省纪委监委作为全国智慧监督平台省级试点单位，要求山西“坚持系统观念，协同推进智慧监督、电子数据调查、数据分析利用等，从而为监督检查、审查调查工作提供全面的科技支

撑”。山西省委纪委监委提出深化“智慧监督”工程建设，进一步增强监督的针对性和有效性，实现信息技术与纪检监察工作深度融合发展。开展“智慧监督”平台建设的关键首先在于理解“智慧”所蕴含着的信息化技术体现出的优势和功能：

（一）探索“智慧”应对巨量数据的模型路径

监察信息化建设往往采取的是“自上而下”的体系结构设计，即通过对现有监督规范进行数据化建模，实现监督系统与现实数据之间的一对一映射关系，从而达到监督过程和流程的自动化，实现监察活动的信息化管理和规范运行。从信息化技术发展的代际关系来看，大数据时代与之前数据时代发展的最大区别在于信息数量和规模的指数级增长，呈现出规模数量“巨大”、种类体系“庞大”、复杂程度“极大”的特点。这种“大”的数据特征对监察制度改革提出了崭新理念和挑战。原有的基于“WEB1.0”时代“小数据”规模的封闭性的监督系统，系统核心在于设计好各组成部分的相互耦合关系。但是随着“WEB2.0”时代的到来，自媒体技术的发展日新月异，产生的“数据留痕”规模越来越大，在海量数据中再去寻求与监督系统的简单映射关系已基本无法实现，亟须一种崭新的数据挖掘技术实现监督信息的有效搜集和发现，以适应新的数据环境下监察工作新的发展需要。正是基于上述背景，以数据为核心构建“自下而上”监察体系模型成为大数据时代的必然选择。这种基于数据挖掘技术的监察系统，不以事先预设的要素关联和制度假设为研判前提，而是通过数据挖掘技术找到现实监察工作中的信息数据关系，并自主建立新的监督关系，通过与监督规范之间的差异性比对，达到监察工作流程信息化的目的。

（二）探索“智慧”开展监督的算法路径

实现以信息化手段解决社会问题需要中间原型模型的转化，从而有效联系现实问题和抽象数据。这种原型模型的建立过程，是对外部实体进行一定程度的简化和必要的抽象，运用适当的技术表现形式，描述实体基本特征和模拟规则运行。作为一种复杂系统，社会控制行为的模型构建一直是系统论研究的重点和难点问题。特别是具体到监察制度本身来看，不仅涉及监察主体因素众多、关系结构错综复杂、目标实现多样化明显，而且监督系统与外部环境之间交流沟通的复杂性因素的介入，使得这种模型的构建更为复杂。在原型模型开发过程中，从技术角度看对于监督要素和结构关系的复杂性问题，能够通过开发出行之有效的算法进行拟合化处理。但是更为复杂的是，在大数据环境下进行数据挖掘，首先要对现实监督信息进行数字化转化。这是因为对计算机而言处理的数据结构和形式极为有限，过多的数量类型必然加剧系统设计复杂性程度，并最终导致运行稳定性的下降。从目前搜集整理的近年来上线运行的监督信息化模型有关报道和资料来看，在开发过程中均面临着将现实社会复杂性问题简约化处理，从处理好“模拟化”的社会问题到“离散化”的计算机系统处理的技术障碍，这成为系统功能实现的瓶颈。在大数据时代，实现对监察实践活动这种多变量、多因素、非线性、自适应复杂巨系统的原型模型构建，必须要有更为先进的算法作为支撑，这样才能将上述复杂系统化归还原为较为简单的“元要素”关系进行处理，从而避免因数据类型巨量化导致的系统开发风险。

（三）探索“智慧”处理监督业务流程路径

现代系统论认为，社会管理模型运行的目的，在于通过构建“精密”的运行机制、原型模型设计和具体计算机软件环境实现对输入系统信息的有效处理，从而达到机器辅助人工进行信息处理的目的。对于有限的数据输入而言，这种形式“精致”的计算机系统环境，理论上能够胜任和满足人的现实需要。传统监督信息化分析主要针对传统的结构化数据展开，即信息来源一般还是采集廉政风险点或标准化的监督事项，最多延伸到相关部门的标准化数据信息传递。对现实的非结构化数据进行系统处理还处于探索阶段，还没有真正达到大数据时代数据挖掘的技术标准。在线索发现之后，监督系统的取证分析、案件研判、监督画像等环节，都有赖于这种结构化数据的信息传递和加工。因此，基于大数据环境的监督模型构建，首先需要通过模型算法的开发设计，将非线性数据转化为统一可识别的数据类型，实现单纯的数字、文字等结构化数据和音频、视频、地理信息、通话记录等非结构化数据统一编码和数据化，从而为迅速、高效挖掘出可以作为判断依据的监察信息提供有效的技术保障。通过设计符合大数据环境的监察数据结构体系提升数据挖掘和整合能力，科学规范的数据间接口技术有利于各部门监督信息的相互连接，从而实现系统和环境之间非结构化数据的无缝对接。这就需要智慧监督系统的模型算法的构建要符合“全程性、主动性、实时性”的功能特征，实现事前监督指标对应、事中监督监测规范、事后监督严密准确的“全过程分析”模型运行目标。

四、智慧监督工程底层监督要素原型系统开发的目的

在原始数据中进行自底层向高层不断挖掘获取有效信息，并不断在模糊中刻画清晰数据结构，进而形成模型化的监察执纪工作思路，进一步增强监督工作的针对性和有效性。但是，就目前理论探索中存在的问题来看，无论是宏观方面监察工作总体性政策制定和执行方向性把握，还是微观层面具体监察程序中信息转换和有效处理，信息化技术与监察制度运行的深度结合还缺乏一个中间必备的衔接性模型作为桥梁或纽带，因此开发底层监督要素系统的目的主要体现在以下两方面：

（一）形成数据挖掘依据的实体要素系统

在智慧监督平台建设过程中，基础性和首要性的任务是实现监察要素的抽取与赋权，进而形成逻辑图谱，从而为监察数据结构的设定奠定基础。把监察规范体系中的复杂要素进行指标体系设定，将监督要素划分为目标层、指标层和准则层三级指标体系，并组成网状结构的指标模型。从而将监察法律和党内法规进行全面梳理和分析，明晰不同层级要素之间横向相互影响、纵向相互制约的关系，将文本性的规范体系转化为系统抽象、体系明晰的架构体系和谱系结构。在具体指标设计过程中，指标的选取必须以未来系统实现的复杂程度作为衡量标准，并以能有效量化作为操作依据。一方面，指标体系设定要以对现实的最佳模拟和反映为衡量标准，越清楚、越简练、越符

合实际，科学性就越强，越适当。由于监察活动中设计主体复杂程度较大，指标不可能过于简约，否则有可能造成对系统反映的失真，但也不能过于庞杂，否则系统结构将过于复杂。在要素提取和关系图谱设定过程中，要进行适时的系统优化，既要避免指标体系过于庞杂，又要避免因素单一导致系统失真，实现可操作性和有效性的辩证统一。通过归纳整合相似的指标内容，以最优化的适度的规模结构全面系统地反映评价对象的内容，从而达到指标体系整体功能最优化的处理结果，并且在指标体系中预留未来功能拓展的空间和体系接口，从而为未来系统的功能扩容提供技术接口。

（二）形成数据辅助办案工作的流程要素系统

在数学对象和现实对象之间，必须有一个中间联系和转换环节，这就是抽象模型的构建过程。在大数据时代实现监督模式的重大变革，核心思想就是要“让数据自己说话”。具体在工作实践中，纪检监察案件案情各有不同，涉及的可能触发相关监察规范的情形多种多样，这对人们的有效数据识别、整理、筛选、存储等方面都提出了新的要求。而所有这些，都有赖于客观、全面、准确的数据。监督对象和行为信息之间量化数据关系的相互匹配，脱离了传统人工关联性匹配的行为模式，实现了从腐败数据本身进行挖掘来防治腐败，相对于传统监督模式而言是一种革命性的创新思维理念。通过这种模型的技术实现，“足不出户”便可直接查询被调查人员基本情况、活动轨迹、社会关系等大量信息，从而将纪律审查工作人员从效率低下、烦琐费时的来回奔波中解放出来，使审查方式逐步由人力密集型向信息效率型积极转变。

五、智慧监督制度建设的理论价值和现实意义

面对网络技术和数据信息技术给纪检工作带来的新情况、新趋势、新变化，智慧监督系统的研发，有利于推进纪检监察部门在信息化系统实现过程中深化认识、开拓领域，进一步深刻认识和把握新技术带来的新变化，以更加积极主动和科学理性的方式，提出监察信息化建设的新思路、新路径，从

而实现工具理性和价值理性的辩证统一。

（一）有利于实现智慧监督目标

对于监察信息化建设工作而言，具体监督工作的线索挖掘、流程控制等功能只是实现了对微观客体行为的监督职能。从宏观层面看，违纪违法案件总体态势把握、党风廉政建设总体效果评估、反腐败斗争工作总体部署等工作才是监督模型构建的一项重要工作。这就涉及在具体系统运行过程中，设置专门的运行子系统，对系统运行过程中存在的监察倾向性、苗头性问题，实时进行汇总、分析、判断，并做出廉政风险评估和预警，从而有效发挥预防性作用。这种基于现实数据科学分析的系统运行方式，在宏观把握监察工作整体性态势基础上，发挥系统模型的预测功能，并及时进行工作思路总结和调整，能够有效增强系统对外部环境变化的适应性，从而达到监督模型系统动态性运行目标。但是从系统构建角度来看，上述模型作用的发挥有赖于数据挖掘技术的深入研究和运用。特别是对社会行为这种复杂对象，用数据的深度分析技术手段设立适合国情、符合发展需求的规范化数据指标体系，成了未来技术实现的难点和主攻方向。

（二）有利于实现贯通平台建设目标

从监察体制改革的方向来看，惩防并举是改革的目标导向。其中，“惩”是首要因素，要发挥“严惩”震慑力，通过严格依法依纪查办案件，切实提升党纪国法的约束力。防患于未然，是权力监督和制约的基本原则。面对新的历史时期形成反腐败斗争压倒性优势的重要目标，建立完善以惩治和预防相结合的制度运行机制，是新时期监察制度建设的重要着力点。实现这种系统惩防功能，前提在于能够探索搭建统一的数据库，通过打通横亘在各行业和各部门间的数据屏障，消灭监督信息孤岛，将与腐败密切相关的数据来源进行整合，通过银行金融、财政事务、政务运行、人事变动、公众舆情等的统筹，让各种独立的数据在保密情况下互融互通，从而实现数据之间的自动识别、自动比对，进而实现自动预警，更加准确地预测出可能触发的风险点、容易滋生腐败的重点环节。

（三）有利于形成一体推进“三不”体系

习近平总书记在十九届中央纪委五次全会中强调，要坚定不移推进反腐败斗争，不断实现不敢腐、不能腐、不想腐一体推进战略目标，把“三不”一体推进理念落实到每个案件之中。传统纪检监督模式的基本设定是基于有限信息获取和数字运算的思维方法和理论原理。在案件线索的获取方式上，一般也是采取被动接受的工作模式，主要是以对来信来访和举报进行筛查处理，从而获取对监督对象行为模式外部情况的描述信息。这种基于有限数据信息采集方式的处理模式，虽然出发点是通过科学的抽样方法来获取尽可能准确的统计结果，但其中一个潜在的问题是选取样本的统计方法再科学，也无法获取行为对象全面性的数据。

第一章　智慧监督理论基础解读

习近平总书记高度重视网络安全和信息化工作，党的十八大以来围绕网络强国发表了一系列重要讲话，提出了一系列新思想、新观点、新论断。纪检监察机关是政治机关，贯彻落实习近平总书记关于网络强国等方面的重要讲话精神，把信息化建设作为新时代纪检监察工作高质量发展的重要内容，不断发挥信息化驱动、保障作用，利用信息化进行监督将成为当前重要的课题，不断推动纪检监察信息化事业向着高质量发展迈进。

一、智慧监督的理论背景

习近平总书记指出，要完善党和国家监督体系，使监督融入“十四五”建设之中。监督是治理的内在要素、组成部分，是纪检监察机关基本职责、第一职责，是一项系统工程，其内涵和外延非常丰富。从一定意义上讲，发现问题、查处案件、严明纪法、推进整改都是监督。监督是一个主体按照特定的制度、标准、程序等对另一个主体履职状况做出的评断、监视、督促、矫正、处置等。监督看似是监督方的单向行为，其实是多种主体之间的相互作用和制约。因此监督关系除了双向关系之外，同时呈现的是网络状态交叉分布。这种网状分布的格局就构成了非常复杂的监督体系。监督网络化状态理论上决定了权力配置和运行的相互制约特性，不存在不受监督的超然权力或绝对权力。纪检监察监督是国家制度和治理体系有效运转的重要支撑，对于破解执政党自我监督这一世界性难题，化解前进路上各种风险挑战，护航经济社会发展起着基础性、保障性作用。

注重党的自我监督是马克思主义政党的政治品质。中国共产党自成立以来，就不断探索完善以党内监督为主的监督体系，有效规范和监督权力运行，消除影响党先进性、纯洁性的因素。党的一大纲领指出，地方执行委员会的财务、活动和政策，必须受中央执行委员会的监督。1945 年，毛泽东在同黄炎培谈话时提出跳出“历史周期率”的课题，“只有让人民来监督政府，政府才不敢松懈。只有人人起来负责，才不会人亡政息”。党的八大通过的《中国共产党章程》规定，任何党员和党的组织都必须受到党的自上而下的和自下而上的监督。邓小平提出，“对领导人最重要的监督是来自党委会本身”，党内监督“最重要的是要有专门的机构进行铁面无私的监督检查”。在革命、建设、改革各个历史时期，党栉风沐雨、历经坎坷，不断修正错误、走向胜利，强有力的监督在其中发挥了重要作用。

严管就是厚爱、监督就是保护。党的十八大以来，以习近平同志为核心的党中央，以彻底的自我革命精神，坚定不移推进全面从严治党，持之以恒正风肃纪反腐，把制约监督权力作为永葆党的肌体健康的重要保障，以党内监督带动促进其他监督，健全党和国家的监督体系，不断增强党自我净化、自我完善、自我革新、自我提高的能力，使党在新时代新征程中焕发出更加强大的生机活力。党中央注重发扬党的优良传统和作风，中央政治局带头严肃党内政治生活，每年召开民主生活会进行党性分析，开展批评和自我批评；加强内部监督，不断创新党内监督制度和方式，加强自上而下的组织监督特别是党委监督和纪委监督，督促各级党组织认真落实监督责任；加强日常监督，贯通运用监督执纪“四种形态”，构建纪律监督、监察监督、派驻监督、巡视监督“四个全覆盖”权力监督格局，使党内监督不留死角、没有空白，做到监督常在、形成常态，不断增强党内监督实效。同时，注重发展党外监督，形成了以党内监督为主导、包括各种监督形式在内的中国特色社会主义监督制度。

二、智慧监督的依据

十九届中央纪委四次全会指出，要“建立权力运行可查询、可追溯的反馈机制，加强智慧监督平台建设，以公开促公正、以透明保廉洁”。按照中央纪委国家监委安排部署，将大数据、人工智能等新技术与监督和审查调查实际相结合，积极开展智慧监督工作势在必行。围绕智慧监督工作服务监督贯通融合和“三不”一体推进的基础理论问题研究的紧迫性日益凸显，存在诸多理论研究热点和难点问题，亟待构建与完善底层理论体系。

三、智慧监督的理论逻辑原理

习近平总书记强调：“一体推进不敢腐、不能腐、不想腐，不仅是反腐败斗争的基本方针，也是新时代全面从严治党的重要方略。”所以，这个题目对于学习贯彻十九届中央纪委四次全会精神，具有一定的基础性、综合性和统揽性。把“三不”作为一个整体加以推进（是贯通融合，不分阶段环节，不是递进关系），贯彻了马克思主义基本原理；坚持和深化了毛泽东同志关于牢记“两个务必”、跳出历史周期率、加强思想政治教育与严厉查办贪腐案件相结合等重要思想；丰富和发展了邓小平同志关于“两手抓，两手都要硬”“反腐败要靠教育、靠法制”等重要思想；丰富和发展了江泽民同志关于“治国必先治党、治党务必从严”，对绝大多数党员干部主要立足于教育、着眼于防范，对极少数腐败分子必须严厉惩处等重要思想；丰富和发展了胡锦涛同志关于坚持标本兼治、综合治理、惩防并举、注重预防，拓展从源头上防治腐败工作领域等重要思想。“三不”是习近平新时代中国特色社会主义思想在全面从严治党领域的生动体现，标志着我们党对管党治党和反腐败工作规律的认识、把握和运用达到了新境界、新水平。

从智慧监督的角度来看，进行智慧监督的关键是对数据的利用和再利用，信息化设计的内容很丰富，面也很广，采取的手段和办法也很多。在研究的过程中发现，要推动构建以党内监督为主导、各类监督贯通融合的工作格局，以实现党和国家监督体系全覆盖高质量发展。在实践中利用信息化进行监督要处理好理论与实践的逻辑关系，就要处理好底层监督要素的逻辑关系，处理好空间体系的逻辑关系，处理好智慧监督与“三不”一体推进机制的逻辑关系。

（一）智慧监督底层监督要素的逻辑关系

通过在原始数据中进行自底层向高层不断挖掘获取有效信息，并不断在模糊中刻画清晰数据结构，进而形成模型化的监察执纪工作思路，进一步增强智慧监督工作的针对性和有效性。从智慧监督目前理论探索中存在的问题来看，无论是宏观方面纪检监察工作总体性政策制定和执行方向性把握，还是微观层面具体纪检监察程序中信息转换和有效处理，信息化技术与纪检监察制度运行的深度结合还缺乏一个中间必备的衔接性模型作为桥梁或纽带。因此，开发底层监督要素系统，形成数据挖掘依据的实体要素系统，形成数据比对依据的规范要素体系，形成数据辅助办案工作的流程要素系统就势在必行。

（二）智慧监督空间体系的逻辑关系

从形式上看，在纪检监察空间体系中最小独立承担运行功能的单位是规范，而不是条文。也就是说，要素的构成是以条文群的形式所确立的一种独立承担调整党内监督关系的规范内容。组成系统的各个规范要素形成了相互依存、制约的复杂网络结构。这些内部规范之间的耦合关系，形成了规范集合，并在这种“规范集”基础上构筑起“空间网络”。在这种空间结构中，各要素之间的层级具有不同的权重，从而使得这种空间体系从平面走向了立体。正如宪法是国家法律体系中的根本大法，《中国共产党章程》在党内法规体系中发挥着党内“宪法”的重要作用，具有最高的效力。它不仅是其他所有党内法规制定的基本依据，更是全党必须严格遵守的基本准则，发挥着党内监督制度重要的指引作用。目前，条例与相关配套制度的衔接工作正在逐步推进，制度之间在实体准则、运行程序、制度约束等方面相互衔接等“空间体系”细化工作正在逐步深入。但从“规范空间”角度看，这种封闭纵横交错的网络化规则体系中各种行为规范之间相互交织、彼此联系，体现出一种复杂性特点。例如，新修订的《中国共产党廉洁自律准则》和《中国共产党纪律处分条例》，对原有的制度规范中一些模糊的条款进行了修改完善，有效提升了党内法规的制定质量。但与此同时，新的巡视条例、干部选拔任用程序、监督程序等都涉及廉洁自律等相关规定，规范之间的“空间”结构和衔接关系并没有得到有效的厘清和规范。在创建党内监督法规制度时，应当充分考虑与之相关联法规制度的衔接、协调和配套，努力避免相互之间的碰撞和遗漏，最大限度地提高规章制度规范效能。从系统法学角度出发，在确保法律自身自律性运行条件下，适应外部不确定性因素挑战，进一步完善党内监督规范空间的“系统化”任务更加艰巨。

（三）智慧监督与“三不”一体推进的逻辑关系

十九届中央纪委五次全会，对推进党风廉政建设和反腐败斗争做出战略部署。习近平总书记在全会中强调，要坚定不移推进反腐败斗争，不断实现不敢腐、不能腐、不想腐一体推进战略目标。始终坚持“三不”一体谋划、贯通推进，持续释放标本兼治综合效应，更好实现政治效果、纪法效果、社会效果有机统一。《“十四五”规划》建议明确提出，坚持无禁区、全覆盖、零容忍，一体推进不敢腐、不能腐、不想腐，营造风清气正的良好政治生态。在深化“三不”一体推进机制建设进程中，进一步增强监督的针对性和有效性，对于实现信息技术与纪检监察工作深度融合发展有积极作用。对于智慧监督建设来说，构建完善实现“三不”一体推进机制建设的相关系统的数学化模型，将文本性的数据量化为可供计算机系统识别和计算的数据种类与结构，成为监督模型“数据化”的重要途径。使用数学语言精确地表达监督对象的内在特征，通过数学上的演绎推理和分析求解，我们能够深化对监督过程中实际问题的认识和解决。实现上述要求，首先需要在实现纪检监察要素定义和计算逻辑体系数字化基础上，形成可行性的规则运行机制，进一步拓展和深化，设计开发出基于数据搜集、管理、监测和评估为一体的智慧监督系统，针对易发多发消极腐败现象的关键环节和重点领域，设置信息化、规范化的防范系统，对搜集到的信息资源进行汇总、综合、分析和反馈，通过设置精确的数值表现和预警指标，构建起新型的反腐倡廉防范监管机制。

四、智慧监督的功能分析

腐败是我们党面临的最大威胁，反腐败是关系党和国家前途命运的重大政治斗争，也是纪检监察机关的一项重点任务。以顽强意志品质正风肃纪反腐，很多工作都体现着“三不”一体理念。比如，以零容忍态度惩治腐败，有腐必反、有贪必肃，就是强化“不敢”；开展以案促改，扎牢制度笼子，完善监管措施，就是强化“不能”；印发案例通报和违纪违法干部忏悔录，推进党性教育、法治教育和道德教育，就是促进“不想”。还比如，落实中央八项规定精神，对顶风违纪者严肃查处、通报曝光，就是强化“不敢”；织密群众监督网、健全改进作风常态化制度，就是强化“不能”；引导党员、干部增强党性修养，严明公私界线，就是促进“不想”。再比如，开展巡视巡察工作，精准发现问题、持续高悬利剑，就是强化“不敢”；抓好巡视整改和成果运用，推动改革、完善制度，就是强化“不能”；通过整改落实严肃党内政治生活，净化党内政治生态，就是促进“不想”。正是运用一体推进“三不”思路推动全面从严治党，才从宽松软走向严紧硬，使我们党实现从里到外的深度重塑，探索出一条党在长期执政条件下解决自身问题、跳出历史周期率的成功道路。

党的十八大以来，全面从严治党和反腐败斗争实践的科学总结。我们党历来高度重视管党治党和反腐败工作，一贯强调标本兼治、综合治理。党的十八大以来，以习近平同志为核心的党中央把全面从严治党纳入“四个全面”战略布局，深入推进全面从严治党，巩固发展反腐败斗争压倒性胜利。反腐败斗争取得压倒性胜利，但形势依然严峻复杂，存量仍然不少、增量仍在发生。从信访举报、巡视巡察、监督检查、审查调查等情况看，腐败是多种因素交互作用的结果，既有惩罚力度不够、制度不完善、监督乏力的原因，也有私欲作祟、侥幸心理等因素，还有政治生态、社会生态和历史文化的影响。腐败成因的复杂性，决定了治理措施的多样性，仅靠一种方式、一个单方不可能完全奏效，必须多管齐下、中西医结合，标本兼治、综合施治。惩治可以形成强烈震慑，但不能内化为心灵深处的自我约束；制度和监督可以减少腐败机会，但不能让人自觉向善；教育可以使人向善，但不能用来惩恶，对冥顽不化的坏人缺乏强制力。它们功效不同，不能相互替代，但又密不可分。在惩治威慑力充分显现、从严氛围已经形成的情况下，只有一体推进“三不”，用好治标利器、夯实治本基础，才能增强反腐败工作的主动性、系统性、实效性，巩固发展反腐败斗争压倒性胜利。

2019 年 10 月召开的党的十九届四中全会，将构建一体推进不敢腐、不能腐、不想腐体制机制，作为坚持和完善党和国家监督体系的重要内容，单列一条做出部署。在 2020 年 1 月召开的十九届中央纪委四次全会上，习近平总书记的重要讲话专门阐述了“深刻把握党风廉政建设规律，一体推进不敢腐、不能腐、不想腐”问题；赵乐际同志的工作报告，就“构建一体推进不敢腐、不能腐、不想腐体制机制，进一步巩固和发展反腐败斗争压倒性胜利”做出了部署。十九届中央纪委四次全会提出，要深化纪检监察体制机制改革创新，以高质量党内监督、国家监察促进国家制度和治理体系提质增效。

赵乐际同志多次强调，一体推进“三不”是纪检监察工作从治标为主向标本兼治转变的重要方法论，不仅适用于反腐败，而且对纠正“四风”、巡视巡察、追责问责等各个方面都适用，是新时代纪检监察工作高质量发展的重大命题、重大任务。他认为，产生腐败现象原因很多，既有个人的问题，也有管理的问题，还有文化、制度建设、政治生态等方面的因素，必须把反腐败作为一项系统工程，多措并举、标本兼治。他强调，“三不”机制贯穿着纪律、法律、制度、规矩、思想、道德要求，是一个整体，相互融合、交互作用、有机统一，三者要统筹谋划、一体推进。在工作方法上，强调严厉惩治、形成震慑，这一手任何时候都不能软、不能丢，同时要健全法规制度，扎牢制度笼子，加强党性教育，提高思想觉悟，加快构建长效机制，实现不敢腐、不能腐、不想腐同步推进、同向发力。他特别重视以案为鉴、以案促改，指出以案促改首先要重视办案，惩治这一手须臾不可放松，有案不查，纪律成为儿戏，别人就会效尤；还要找准发案原因，强化身边案例的警示教育作用，推动健全制度、堵塞漏洞，构建一体推进不敢腐、不能腐、不想腐的有效机制。他还在不同场合曾多次讲过一体推进问题，强调监督、执纪、问责一体推进，监督、调查、处置一体推进，“打虎”“拍蝇”“猎狐”一体推进，巡视巡察、整改落实一体推进，党的纪律检查体制改革、国家监察体制改革、纪检监察机构改革一体推进，“两个责任”落实一体推进，中央、地方、基层一体推进等。

杨晓渡同志也高度重视一体推进“三不”问题。他强调，一体推进不敢腐、不能腐、不想腐，是我们在管党治党艰辛探索中得出的重要经验，是反腐败工作从治标为主向标本兼治转变的重要原则和方法论，是纪检监察工作稳中求进的重要体现。要把“三不”机制看成一个互相联系的整体，统筹谋划、一体推进，一方面惩治这一手任何时候都不能松、不能丢，另一方面要配套跟进不能腐的制度建设，加强不想腐的思想教育，善于做好人的思想工作，实现政治效果、纪法效果和社会效果的有机统一。要把握好“三个三”要求，即一体推进“三不”，其关键是标本兼治；一体推进纪检监察“三项改革”，其关键是加强统筹；一体推进“三转”，其关键是向更深层次更高水平努力，纲举目张推动纪检监察工作向高质量发展。要把“三不”从单纯解决腐败问题上升到全面从严治党的高度，促使干部逐步形成“敬畏党的要求使之不敢忘、严格纪法制度使之不能违、自觉思想自律使之不想松”的工作状态和精神状态。随着信息化发展的整体趋势，各类数据种类和数据量与日俱增，利用信息化进行监督将成为当前的一项重要手段，在这一背景下，研究云计算、大数据产业对纪检监察监督工作带来的机遇与挑战意义重大，更有利于实现一体推进“三不”的效果。

五、智慧监督存在的问题

智慧监督的提出是一项重大工程，需要继续加大力度探索，勇于创新，在不断实践的基础上，总结经验。从全国来看，各地探索智慧监督均取得了积极成效，但一定程度上还存在着缺乏理论研究、缺乏体系支撑、缺乏有力机制等问题，有的地方对如何实现监督贯通融合、为“三不”一体推进提供科技支撑尚未破题。特别是县级纪委监委对运用信息化开展监督工作热情很高、参与意识很强，但个别地方仍处于目标不明、技术不懂、盲目跟风阶段，迫切需要加强理论和实践的系统综合分析研究，着力构建上下联动、内外并举、纵横交错的动态监督运行体系，从而对这些问题进行回应和解决。从面上看，着力构建以党内监督为主导，统筹推进智慧监督还面临着很多挑战，建立各类监督有机贯通、相互协调的全面监督以及打造“三不”一体推进基本平台还存在不少问题，主要表现在：

围绕智慧监督服务监督贯通融合、“三不”一体推进基础理论问题研究的紧迫性日益凸显，一系列制度和机制方面的问题亟待解决，诸多热点和难点问题的理论研究亟待开展，底层理论体系构建仍需完善。如什么是智慧监督、怎样加强智慧监督还存在从理论到实践，特别是理论和实际衔接的难点，依托电子政务理论探索智慧监督从思想理念到技术实现，再到模型构建还存在研究空白。更为重要的是，“三不”一体推进机制与智慧监督底层逻辑关系不明晰，导致监督信息捕捉、数据挖掘技术运用、大数据分析结论应用等模型构建和系统实现的基础性作用得不到充分发挥。

在智慧监督建设过程中，基础性和首要性的任务是实现监督要素的抽取与赋权，进而形成逻辑图谱，从而为监督数据模型设计和原型系统开发奠定基础。从实践来看，目前只是针对结构化的数据进行展开，处理方法相对单一，只能通过最基本的运算得出一般性的趋势和规律，缺乏对数据的深度分析，尤其是无法对主要指标和数据进行深度解读，无法达到大数据时代数据挖掘的最根本技术特征要求，也就是说传统的一般性的趋势分析与现代数据深度分析之间的结合还缺乏一个必备的“桥梁”或“纽带”。目前各地智慧监督探索所采取的“自下而上”的方式采集大量数据，通过数据挖掘技术找到数据之间的关系并建立模型，不预先设定具体的研究目的或方法，也不选择关联关系和假设前提，这种以数据为先导的方式颠覆了传统的“自上而下”的数据统计研究范式。这就造成获取的各厅局业务数据存在数据格式不统一、数据标准不规范、数据边界不明确等诸多问题。另外，还存在运用数据共享平台交换数据的有效机制没有形成和数据共享不充分的问题。

第二章　智慧监督基本特征分析

作为20世纪最伟大的技术发明之一，互联网已经影响到全球化进程的经济、政治、文化各个领域，深刻改变着人类生产方式、交往模式和思维方式。习近平同志指出："要充分认识做好信息化工作的重要性和紧迫性，因势而谋，应势而动，顺势而为。"2015年，李克强总理在全国两会政府工作报告中深入论述了"互联网"对国民经济和社会发展的重要意义，正式从国家战略层面提出了"互联网+"的发展模式。

"互联网"不再限于从技术和工具层面对传统经济发展模式进行改造和升级，而是更有助于推动中国特色社会主义高效、公正、透明民主政治的建设。

党的十八大以来，新一届中央领导集体以党的作风建设为总抓手，在思想、组织、制度、反腐倡廉等各方面创造性地提出了一系列新观点，实施了一系列新举措。作为新时期对党内监督工作的新探索，"互联网+党内监督"创新了监督的技术手段，拓宽了监督的实现途径，调动和发挥着监督者参与的积极性和主动性，充分保障了党员领导干部党纪作风监督权的实现，为"净化政治生态、营造廉洁从政良好环境"建设发挥了重要作用。"互联网+党内监督"通过网络信息化技术手段与党内监督的有机融合，有效增强了监督效能，得到了党组织和人民群众的肯定与重视。在新的历史时期，新一届中央领导集体提出了"全面从严治党"的重要思想，从理论层面进一步探讨互联网技术和党内监督的整合，从实践层面不断增强党内监督的实效性，有助于推进"净化政治生态，营造廉洁从政良好环境"，具有重要的现实意义。

一、智慧监督的技术特征

马克思主义认为无产阶级政党的党内监督是指“监督主体依据《党章》和其他党内法规，通过检查、督促、评价、揭露、举报、处理等方式作用于监督客体，以保证客体行为在任何情况下都不违背党的纪律的一种客观有序活动”。在党的十七届四中全会上，党中央首次提出要“健全反腐倡廉网络举报和受理机制，网络信息收集和处置机制”。2012 年召开的十七届中纪委七次全会上，进一步要求“健全网上舆论引导机制，发挥互联网等新兴媒体在促进反腐倡廉建设中的积极作用”。可以看出，“互联网 + 党内监督”是网络的信息化与党内监督主体、客体、对象、机制等基本要素相互融合的过程，集中体现了网络技术时代发展的基本特征。

（一）保障监督知情权的“WEB1.0”信息公开化

20 世纪 90 年代，互联网信息化技术普及应用，深入影响和推动了全球化进程。在互联网技术发展的“WEB1.0”时代，其主要特点是在信息网络硬件连接下，数字化的信息资源具有高度公开性。其传播的路径不再受到时间和空间限制。网络受众能够通过网络终端的浏览器，充分获取网络信息发布者服务器上海量数字信息资源，并通过实时通信工具，随时、随地进行信息交流和共享。这种“点对面”的媒介传播模式，使得广大人民群众能够通过网络获取最新的政治信息，并就相关话题和信息进行沟通和交流，促进了不同思想、观念、兴趣、观点或价值理念的融合，实现了信息获取方式的实时性和动态性。

借助于“WEB1.0”时代技术支撑，党内监督机制建设与互联网技术实现了初步的融合。正如列宁所述“没有公开性而谈民主制是很可笑的”，党内监督主体知情权的保障是实现党内监督机制顺利运转的基础。从信息发布者的角度看，基于互联网技术的党务公开建设，提高了执政党建设的科学化水平。在深入推进党建信息化建设过程中，各级党组织设置门户网站，通过形式多样的超链接技术手段，将本地区本部门贯彻落实党的路线、方针、政策的具体措施，适应本地本部门发展的重大决策，党内组织生活等信息，第一时间向党员干部群众公开，主动接受党员群众的监督和质询，进一步增强党组织的凝聚力和战斗力。而从信息接收者的角度看，广大党员和人民群众通过实时接收信息资源，深入学习和领会党的重大路线、方针、政策和文件会议精神，对党的各项工作和重大部署充分知情了解，进而能够通过相应的意见表达程序监督，促进各项工作的严格规范运行。

(二) 改变监督参与形式的“WEB2.0”交往互动化

马克思主义认为，社会交往是交往主体通过交往中介所进行的交互活动，交往手段的技术更迭促进了交往方式的深刻变革。随着社会主义政治文明建设的不断发展进步，人民群众的民主意识逐渐得到增强，参与政治生活的愿望越来越强烈。与传统交往媒介作用一样，网络承担着宣传、教育、动员和组织群众的重要职能。特别是进入“WEB2.0”时代后，受到网络信息空间交互性、虚拟性影响，群众的政治生活一定程度已经在“虚拟社会”中进行。网络上每个信息传播节点都具有信息发布功能，实现了即时性、实时性和全时性多维传播方式。这种“点对点”的传播方式中，媒介传播方式的界限日趋“模糊化”、媒介传播内容的选择日趋“多样化”、受众获取信息资源的渠道日趋“多元化”、民众意愿表达的传递日趋“便捷化”。每个网络主体都是潜在的政治信息发送者、编辑者和传播者，与之相对应每个人都可能成为政治意见的发布者和表达者，传播者与接受者之间实现了虚拟社会中真实社会信息的沟通交流。

“WEB2.0”时代交往的互动化，既能为各种利益诉求的及时表达畅通渠道，又能便于有效提出监督意见和建议，实现党内监督参与主体之间的良性互动。例如，作为完善党内监督机制重要手段，巡视工作是党中央了解群众呼声的“千里眼”和“顺风耳”。中共中央印发修订后的《中国共产党巡视工作条例》中，明确提出巡视工作要深入基层，深入群众，广泛听取党员干部和群众的意见。通过 App、微博、微信等交流平台，保障信息资源的真实性和群众申诉的安全性。党的各级组织通过网络实时的信息反馈，实现与党员群众之间有效的信息交流。巡视工作从深层次拓展和改变了群众参与监督方式，进一步提高了监督的积极性和主动性，成为新时期执政党开展党内监督工作重要途径。

（三）提升监督针对性的“云网络”数据应用化

作为第三代互联网技术的端倪，云网络（又称云计算网络、云时代互联网）技术日臻成熟。这种新的网络技术，由大规模“云存储”方式替代传统网络节点硬件接通模式，通过强大的云计算硬件和软件数据分析运用，实现了网络参与者对大规模数据运算服务的需求。目前，云计算所带来的“数据挖掘”“数据运用”技术已广泛运用到国民经济和社会发展的各个层面，为党政机关提供了重要决策参考，同时也在党内监督工作中发挥了重要作用。不仅体现在宏观层面专门监督机关运用云计算提供的数据资源进行政策制定和执行效果的评查，而且在微观层面将相关数据挖掘技术手段运用到具体腐败案件的查办过程中，确保监督针对性和有效性的增强。

腐败问题是入侵党健康肌体的病毒，不仅严重败坏了党风、政风，而且严重损害了社会风气，更是威胁着党的执政根基。“查办违法违纪案件是惩治腐败的重要手段”，同时也是党内监督制度建设的关键环节。对于被病毒感染已经坏死的“细胞”和滋生在党组织健康肌体上的“毒瘤”，必须以有案必查、有腐必反的坚定决心彻底予以清除，从而保证党的肌体更加健康。但在信息化社会中，腐败分子犯罪手段信息化、隐蔽化对职务犯罪案件的侦查手段现代化提出了新的要求。传统“四个轮子、两条腿”的侦查模式和“一支笔、一张纸、一张嘴”的讯问模式已经无法适应新形势下案件查办需要，案件办理难度日益加大。“魔高一尺，道高一丈”，面对信息化时代复杂的办案环境，必须充分运用信息化技术手段积极应对。当前以“大数据”和数据挖掘技术为代表的云计算互联网技术蓬勃发展，腐败交易信息在“网络云”中都将留下蛛丝马迹，腐败案件线索都可借助强大的“大数据”技术进行深入挖掘。腐败分子可谓无处藏身，党内监督的效果得到了充分体现。

二、智慧监督的实践运行

党的十八大以来，在改革的攻坚期、发展的关键期、矛盾的凸显期新形势下，面对“四大考验”“四种危险”的挑战，新一届中央领导集体提出了“全面从严治党”的重要理论创新。全面从严治党，以“严”为着力点、以“治”为落脚点，做到了思想重视、党纪严明、制度完善、措施得力，体现了新时期党内监督建设的新亮点。“互联网＋党内监督”的工作机制，是确保从严治党全面性目标实现的重要途径。

（一）监督过程全覆盖、立体化

列宁指出：“多种多样的自下而上的监督形式和方法，以便消除苏维埃政权的一切可能发生的弊病，反复地不倦地铲除官僚主义的莠草。”在无产阶级政党的党建理论体系构建和实践运行过程中，党内监督发挥着严格执行党纪、优化党风的重要作用。当前，党内的不良风气集中表现为形式主义、官僚主义、享乐主义和奢靡之风“四风”问题。不仅严重损害着党在人民群众中的形象，腐蚀着党群、干群关系，而且对党内监督，特别是党员领导干部的作风监督提出了更高要求。

随着党员领导干部活动范围的扩大和交往领域的延伸，不仅需要在八小时的工作时间内对其工作状况进行督促检查，而且需要在八小时外对各级领导干部的思想作风、生活作风等进行充分了解。传统监督主要采取民主生活会和民主评议等间接方式，对党员领导干部进行非动态约束。虽然也有质询、信访等直接监督方式，但受限于监督手段和渠道的静态性，监督效果上无法发挥出应有的重要作用。网络信息化直接推动监督方式形成了多元化、迅捷化和直接化的发展趋势，有效降低了监督主体的监督成本。为党员和党的各级机构参与监督、获取信息提供了重要平台和渠道，激发了党员群众自下而上监督各级领导干部的能动性和主动性，实现了事后监督为主转向事前、事中全过程监督，由工作圈向生活圈、社交圈全领域的转变。通过构建全方位、立体化“云监督”平台，人人都可以成为监督者，监督的眼睛变得无处不在，监督死角得以彻底消除，充分发挥了“群众雪亮眼睛”的重要作用。例如，2013 年 9 月 2 日，中央纪委监察部网站正式开通，通过构建“权威发布、宣传教育、工作展示、互动交流、网络监督”的信息化平台，畅通了线上线下、网内网外、组织群众之间信息交流的沟通渠道，实现了与网民的实时政策阐释和民意倾听，之前很多难以发现的问题和死角被及时曝光，形成了党纪作风监督的高压态势。

（二）监督环节趋严密、公开化

马克思主义认为，权力问题是全部政治的基本问题。权力监督的目的就是预防和遏制权力无限扩张，保证权力在法定的程序和职权范围内行使。党的十八大以来，新一届中央领导提出健全权力运行制约和监督体系建设，要从制度上保障人民监督权力，实现“把权力关进制度的笼子里，形成不敢腐的惩戒机制、不能腐的防范机制、不易腐的保障机制”。

基于互联网技术发展的网络监督方式，是新时期人民群众监督权有效运用的重要保障。对权力运行各个环节的全时、全程监督，使得领导干部的权力行使到哪里，严格的党内监督就延伸到哪里。例如，在权力的赋予环节，通过对干部信息和调整工作进行网络公示，可以使广大人民群众通过网络渠道对干部调整享有充分的知情权和参与权，对干部的选拔、任用、调配等环节进行严密监督，有效纠正选人用人环节上跑官要官、卖官鬻爵等不正之风。组织部门通过网络平台，向人民群众全面公开待选拔干部情况，实现组织工作流程的高效、透明。在权力的履行环节，通过在网络推行权力清单制度和责任清单制度，向社会公众依法公开权力主体的职能、范围、运行流程等基本信息，减少权力寻租空间。对容易滋生腐败的重点领域和环节实行全程监控，坚决防止以权谋私、权钱交易出现。智慧监督手段的广泛运用，强化了党内问责机制，使党员干部的绩效考评方式更加科学、公平和公正，增强了他们落实“三严三实”的自觉性，专心谋事，踏实干事，清廉成事。

（三）监督教育强信念、主导化

我们的党是兼具崇高理想信念和严明纪律的马克思主义政党。坚定崇高的理想信念，是人的政治信仰和世界观在奋斗目标上的具体体现，具有重要的“总闸门”“总开关”作用。严明的纪律是党的统一意志和战斗力的重要保障，是从根本上解决纪律涣散、执纪不严问题的关键。两者一表一里、一刚一柔、矫枉扶正、外律自律，体现了内在高度自觉性和外在严格约束性的辩证统一。当前，面对复杂利益格局调整、多元思想观念碰撞、剧烈社会结构变动，一些干部存在着信仰缺失、宗旨淡薄、怠政务虚、怯于担当、贪污腐败等突出问题。在党内监督制度建设中，只有通过加强教育、源头治理，进一步抓好党员和干部的党性修养与党性锻炼，确保各级领导干部不断筑牢自重、自省、自警、自励思想防线，增强慎权、慎独、慎微的自觉性和主动性，才能以“固本清源”筑牢拒腐防变的长堤。

作为教育引导的重要内容，廉政文化建设在社会主义先进文化塑造，社会群体世界观、价值观形成方面发挥了重要导向作用，从根本上改善了政治生态内在的制度运行环境，净化了外部的社会文化环境，彻底根除了腐败存在的土壤和诱因。但受到技术手段和传播方式的限制，传统廉政文化建设存在表现形式单调、说教色彩浓厚且感染力缺乏等问题。而现代互联网的发展，不仅在技术层面搭建了先进的信息传输网络，而且为社会生活领域构建了多维度的信息交往平台。在传播的方式上，不再是面向不特定人群“大众广播”，而是针对个体特质选择的定向“渗透传播”。在表现的形式上，网络将文字、语音、图像等不同媒介信息有机融合为一体，贴近受众生活、情感和思想的文化资源以更加丰富多彩、生动活泼的表现形式，给予受众多维度、全方位的鲜活“虚拟”体验，收到了传统方式下政治文化教育难以企及的效果。通过运用互联网先进信息传播手段，弘扬主旋律、激发正能量，大力培育和践行社会主义核心价值观，用积极、健康、向上的道德情操感染人、引导人，不断增强道德教育的感召力和影响力。在寓教于乐的文化传播和交流氛围中，受众得到潜移默化熏陶，真正实现廉政观念内化于心、外化于行。

三、智慧监督的整合提升

习近平同志指出，网络信息化对于一个国家很多领域都是牵一发而动全身。根据中国互联网络信息中心统计发布，截至 2014 年 12 月，我国网民规模达 6.49 亿人，新增网民 3117 万人，互联网普及率已达 47.9%。作为具有高度开放性、虚拟性、交互性、共享性的技术交流手段，互联网在党内监督制度建设中已经发挥了巨大推动作用。但现实网络政治生活存在的规范体系不完善、约束手段力度不够等矛盾，可能导致严重的舆论失控、无序参与、管理失范等问题。进一步整合互联网技术手段与党内监督制度措施，是提高“互联网＋党内监督”管理科学化、制度规范化水平的关键。

（一）全面整合“线上”“线下”监督途径

基于网络信息化的虚拟交往技术，从某种程度上突破了现实社会交往的物理时空界限。但从本质上看，网络虚拟社会所承载和体现的依然是现实社会关系，无法从根本上彻底脱离现实世界“真实性”限制。具体到党内监督制度建设而言，虽然互联网手段运用从很大程度上改进了监督的方式方法，提升了监督效率和效果，但还不能从根本上替代传统党内监督制度措施。只有充分发挥“线上”和“线下”两种途径的共同优势，在彼此深入整合中实现“互联网＋党内监督”效能的整体优化。

例如，以党内民主促进党内监督制度建设，是新时期开展党内监督工作重要特点。从某种意义上理解，党内监督制度实施过程本质上就是党内民主的实现过程。党员是党内监督的主体，履行监督职责是党员的重要权利和义务。离开了广大党员高度的觉悟和自觉性，党内监督就失去了基础。因此，党内民主建设和党内监督制度的运行，关键是要尊重党员主体地位。在传统的组织工作模式中，各级党组织通过召开民主生活会等监督形式，充分发扬了批评与自我批评优良传统和作风，深入贯彻民主集中制原则，有效激发出党员参与党内监督活动的自觉性、主动性、积极性。而互联网技术优势，进一步实现了组织生活数字化与现代技术无缝衔接。通过创新党的建设的科学化方法，实现了“线上”与“线下”党建工作的深度融合，不仅提升了执政能力，巩固了执政地位，还有力推进了党内民主建设。在 2010 年 1 月 5 日习近平同志通过全国基层党建工作手机信息系统，向全国百万名基层党组织书记、大学生村干部发出问候信。这种新的技术手段运用，拓宽了工作领域，更新了思维模式，实现了执政党自身组织结构、运行机制、活动方式的变革。各级党组织、基层支部、党员、人民群众之间的双向沟通和互动，使党内各种监督要素实现了更加合理的流动。

（二）有效整合“党内”“党外”监督资源

作为社会主义权力监督体系的重要组成部分，党内监督、民主监督、法律监督、舆论监督各自有着不同的职能和优势，在社会主义权力监督体系中承担着不同的重要作用。“四种监督”形式既目标一致又相对独立，既各司其职又优势互补，既相互制约又共同作用，彼此构成了一个纵横交错、严谨周密的监督网络体系。党的十八届三中全会《决议》指出，强化权力运行制约和监督体系，关键是要形成依靠群众的支持和参与、全党全社会共同推进反腐倡廉工作的强大合力。因此，全面整合“党内”“党外”监督资源的关键立足点，就是要充分发挥党内监督和党外群众监督优势，进一步建立健全人民群众监督领导机关和领导干部的制度，切实保障党员群众和人民群众批评监督干部民主权利的实现。

群众路线是我们党的生命线和根本工作路线。实现党内、党外两种监督资源的有效整合，重要途径就是要在党内监督工作中坚持党的群众路线的优良传统和工作作风。特殊的网络化交往技术手段，畅通了党与人民群众之间联系的渠道，从技术层面实现了群众意见有效系统集中、群众宣传工作全天候开展、群众反馈意见实时处理的目标。党政机关可以便捷地了解民意民情，及时做出政策调整，保证决策的全面性、合理性和政策制定的持续性、执行力。具体到党内监督实践中，各级党组织和纪检监察机关可以直接听到来自社会各界的声音，减少了传统信息沟通中因层级障碍而可能产生的监督信息获取失真问题。进一步深化网络技术手段运用，为人民群众行使监督权提供了更加便利的渠道和平台，从根本上保障和维护了人民群众参与监督的知情权，进一步增强了人民群众参与监督的安全感，有利于人民群众自由和充分地表达自己的监督意见建议，真正做到知无不言，言无不尽，进而形成了既相互制约又相互协调的党内监督运行机制。

（三）系统整合“软性”“硬性”监督环境

党内监督是一种全方位、立体化的监督体系，不仅需要文化“软性”环境的引导，而且需要法治“硬性”环境的支撑。其中，党内监督的“软性”环境建设，通过政治文化的评价、教育、指导、示范等功能，有效约束和规范人的政治行为。而法治“硬性”环境的构建，体现了依法治理在党内监督建设过程中的“重要引领和规范作用”，充分体现了全面推进依法治国方略的重要意义。深入推进“互联网＋党内监督”建设，应当高度重视“软”“硬”两种环境的系统整合和有机统一，从而切实维护党内监督政治生态环境的山清水秀。

政治文化，是一定地区和民族的人们在长期的社会生活中积淀的，持久影响人们政治行为的政治心理、政治价值观和政治思想的总和。互联网政治监督文化环境建设，关键是加强马克思主义在意识形态领域的主导作用。这是因为，网络特殊的开放性和互动性使得一些非理性的政治表达有了生存的土壤。各种良莠不齐的思想观点、言论表达、价值冲突充斥着网络空间，借助于快捷的传播途径，在网络上无序蔓延。不仅产生了严重的信息污染问题，甚至在特定外在因素条件作用下诱发为严重的舆情危机。别有用心之人往往借此机会，在网络上兴风作浪、推波助澜，恶意丑化党的形象、攻击党的领导，试图通过对政治文化建设“话语权”的掌控，从根本上改变中国特色社会主义政治文明建设发展方向。互联网政治文化制高点，如果马克思主义意识形态不去占领，非马克思主义的意识形态就会恣意妄为；网络政治文化建设的“主阵地”，如果先进文化不去占领，落后文化就会乘虚而入；不用正确的价值观和文化去引导舆论，就会被网络负面的情绪和误导性消息混淆视听。只有坚持马克思主义意识形态的领导作用，对网络存在的错误观点进行旗帜鲜明、深刻透彻的分析批评，才能切实提升网络舆论甄别、舆情引导能力，真正把握好网上舆论导向，通过网络空间的清朗引导整体社会风气的风清气正。

作为社会规则体系中最为严谨和严格的规范，法律由国家制定并由国家强制力保证实施，具有最高约束效力。通过互联网开展党内监督必须受到法律规范的调整和规制。但是互联网政治生活的虚拟性，导致传统法律规范体系在履行过程中存在诸多矛盾和问题，对于网络政治秩序的规范和调整存在盲点和缺位。例如，对危害国家安全和政治稳定行为的打击力度还无法适应现实发展需要，对网络主体隐私权、名誉权侵害的惩治力度亟待加强。造成上述问题的原因，主要是网络法律体系建设相对滞后，现有法律体系无法跟紧网络技术发展步伐，大量的网络行为调整处于无法可依的困境。而在法律执行层面，静态的法律执行模式无法适应动态化的网络存在形式，一些网络政治违法行为无法得到有效的纠正和处置。这就要求互联网政治法治建设过程中，不断整合现有法律体系规范，完善相关法律制度，严格法律执行程序，进一步体现“互联网 +”时代法治建设的时效性、适应性。相关运行机制的不断探索和完善，不仅需要各级党组织的坚强领导和大力支持，还有赖于广大党员群众的有效运用和不断创新，使其更好地发挥科学、迅捷、高效的党内监督作用。

第三章　智慧监督贯通融合体系

党的十九届四中全会《决定》提出，“要健全党和国家监督体系，以党内监督为主，各种监督协调贯通，形成常态长效的监督合力”。新时代新阶段，腐败形式更加隐蔽复杂，全球化、信息化、智能化对反腐败提出新要求，努力构建各类监督贯通融合机制并运用信息化手段开辟监督新途径是必然趋势。跟进研究国内外环境发生深刻复杂变化带来的新机遇、新挑战，提高监督工作的政治能力和专业化水平，增强依规、依纪、依法监督执纪的本领具有重大意义。监督贯通融合机制的建立是为了进一步实现对各类监督信息的及时贯通汇聚、互通、成果共享，对突出问题实时预警，对政治生态动态研判、对整改效果长效监督。在此基础上，于实践应用中整合监督数据和建立数据交换机制，对运用信息化手段开辟监督新途径，强化信息沟通和扩大资源共享，努力构建权责清晰、衔接顺畅、协同高效的各类监督贯通融合机制，实现监督从有形覆盖到有效覆盖做了较为深入细致的分析，并从逐步建立监督贯通机制、规划顶层技术方案设计、规划安全数据保密机制、规划数据模型智能分析方面提出了一些具体的实现思路和举措。

一、构建智慧监督贯通融合机制的现实意义

强化监督是马克思主义建党学说和国家学说揭示的科学真理。马克思和恩格斯在创建共产主义者同盟时就主张通过建立党的代表大会制度、选举制度、报告工作制度、集体领导制度来加强监督、塑造党的纪律，并就执政党对权力来源、结构配置、运行监督等重大问题进行了独到的探索。“中国共产党人秉持马克思主义建党学说和国家学说，不断深化拓展对监督的规律性

认识和实践。”“党的十八大以来，以习近平同志为核心的党中央把马克思主义党建学说作为根本指导，着眼党和国家长治久安，将党内监督作为党的建设的重要内容和全面从严治党的重要保障，从政治和全局的高度推进监督制度改革。”加强党内监督是马克思主义政党的一贯要求，是我们党的优良传统和政治优势，以党内监督带动其他各方面监督，不断完善党和国家监督制度，构建党统一指挥、全面覆盖、权威高效的监督体系，进一步丰富和发展马克思主义监督理论。习近平总书记指出：“要完善党和国家监督体系，使监督融入‘十四五’建设之中。要健全党和国家监督体系，以党内监督为主导，不断完善权力监督制度和执纪执法体系，各种监督协调贯通，形成常态长效的监督合力。”十九届中央纪委五次全会报告强调：“发挥巡视综合监督作用，加强巡视巡察信息化建设，推动巡视监督与纪检监察监督统筹衔接，与组织、政法、审计、财会、统计、群众等监督协作配合。”党的十九届四中全会以来，中央纪委高度重视监督贯通形成监督合力的重要性，全力推动监督贯通应用平台建设。第十九届中央纪律检查委员会第五次会议指出，要促进各类监督贯通融合，不断增强监督治理效能。推动各项监督统筹衔接、贯通融合，有效实现监督全覆盖，使监督体系融入国家治理体系，推动制度优势更好地转化为治理效能，强化对权力运行的有效监督，将有力保障党的十九届五中全会《建议》和《“十四五”规划》的落地实施。赵乐际同志强调：“共享监督数据信息，使各类监督形成合力、发挥作用，提供平台和支撑，是完善党和国家监督体系的内在要求和重要任务。”要将监督贯通应用平台建设好，边用边完善。注重党的自我监督是马克思主义政党的政治品质。十九届中央纪委五次全会提出，促进各类监督贯通融合，不断增强监督治理效能。我们党自成立以来，就不断探索完善以党内监督为主的监督体系，有效规范和监督权力运行，消除影响党的先进性、纯洁性因素。故推动党内监督和其他监督有机贯通、相互协调，增强监督实效就势在必行。在实践中发现，要构建监督贯通融合机制不仅要推动监督内容贯通，还要推动监督形式对接；不仅要注重横向监督，还要注重纵向监督；不仅要通过传统方式贯通监督，还要通过技术手段方式贯通监督。

（一）全国利用信息化构建监督贯通机制现状

《中国共产党党内监督条例》涵盖了管党治党的重要领域和重大问题，我们实现监督贯通就要在党内监督和其他各种监督上聚焦发力。党内监督形式主要包括巡视、巡察、党内谈话、领导干部述责述廉、个人有关事项报告、插手干预重大事项记录等，这些都需要其他监督的密切配合，才能顺利进行、取得实效。从全国来看，探索利用智慧监督围绕重点领域开展贯通融合已经有不少地区进行尝试性工作。如：天津市纪委监委在出台的信息化规划中制定了到 2022 年初步建成便捷、共享、高效、安全的“智慧纪检”，为全面落实从严治党提供强力技术支持。河北省纪委监委提出到 2022 年实现信息技术与全省纪检监察工作深度融合，监督检查和内部治理实现方式转变，信息化应用能力跻身同行前列，安全可控的大数据应用体系基本建立，为全面从严治党、党风廉政建设和反腐败斗争提供强有力的信息技术保障。上海市纪委监委利用经济条件好、人员素质高的优势，提出了进一步提高内部数据治理水平，以综合信息平台建设为抓手，逐步建立健全大数据分析、人工智能等应用体系。江苏、浙江等省纪委监委在监督贯通方面正在积极探索，内蒙古自治区纪委监委组建了专家团队，沈阳市纪委监委依托中国科学院技术力量积极研究纪检监察大数据技术应用。山西省纪委监委提出建设“智慧监督”工程，紧紧围绕政治监督的职责定位，搭建“一库两中心”基本框架，注重运用大数据分析技术发现疑似问题，威力已初步显现，中央纪委国家监委信息中心批复同意山西省纪委监委作为全国智慧监督平台省级试点单位。

（二）基层利用信息化构建监督贯通的实践应用现状

通过收集汇总相关资料、实地调研了解、与相关人员座谈等方式，掌握领导机关及下属单位基本情况，建立常态化沟通联动机制，明确重点领域，制定数据采集目录。各地区积极运用大数据、“互联网 +”等新技术手段，抓重点领域，抓关键环节，抓核心要素，破解行业监督点多面广、专业化程度高等难题，如：江苏省扬州市纪委监委成立调研课题组，对纪律监督、监察监督、派驻监督、巡察监督与审计监督贯通协同情况开展专题调研。福建芗城区纪委监委创建运行“芗城区政治监督平台”，利用“大数据”对相关信息进行监测分析、关联比对，及时发现问题、提醒整改、督促履责。浙江泰顺县纪委监委创新“阳光公开”平台场景式监控小微权力运行。江苏昆山市纪委监委建设基层廉勤监督平台，群众可手机扫码登录平台，方便快捷地对“小微权力”运行、村务管理、工程项目等事项进行监督举报。山西省万柏林区纪委监委采集民生领域相关数据建设大数据监督平台，提高了发现问题的能力和监督的精准度等。

（三）充分发挥派驻监督的主体作用

派驻监督是纪检监察监督链条中的重要一环，发挥派驻监督“探头”作用，要求我们必须坚持制度自信，巩固发展派驻监督制度优势，与纪律监督、监察监督、巡视监督协调贯通，形成常态长效的监督合力，更好地服务保障党和国家工作大局。派驻监督作为党和国家自我监督的制度设计，是坚定不移全面从严治党、构建严密有效监督体系的重要载体。

以“派”的权威，压实主体责任。全面从严治党，必须坚持和加强党的全面领导。派驻监督归根到底体现的是党中央领导、上级纪委监委监督。派驻监督的重要职责，就是以监督责任的履行到位促进被监督单位领导班子落实主体责任，构建在党中央集中统一领导下的自上而下、横向到边、组织严密的政治监督和纪法监督体系。强化派驻监督职能作用，需要充分发挥“派”的权威，通过抓紧抓实“关键少数”来撬动对“绝大多数”的监督，推动各级领导干部特别是主要负责同志担负起管党治党政治责任，始终保持“赶考”的清醒，在本单位、本系统、本领域把全面从严治党政治责任、党内监督主体责任层层压实、上下贯通。

以“驻”的优势，贯通“四项监督”。派驻监督在职责履行上集中反映了“四项监督”内在统一性和高度协同性。强化全面从严治党引领保障作用，具体到派驻监督，就需要进一步强化“驻”的优势，把近距离、常态化、全天候的监督“探头”功能，运用于打造“四项监督”统一信息平台、构建有效沟通衔接机制的实践中，在职能作用上互助互补，在力量使用上统筹统管，在成果运用上共通共享，在工作衔接上协调协同，推动“四项监督”产生“化学反应”“聚合效应”，实现监督职责的再强化、监督力量的再融合、监督效果的再提升。

（四）使用大数据、人工智能、区块链等技术构建监督贯通融合的现状

从技术角度梳理，各地使用不同的技术开展监督贯通融合机制的研究。如对企业经营管理情况，可调取多年度监事会《“三重一大”及企务公开专项检查报告》，重点关注“对外投资、资产重组、资本运作、土地出租、工程建设、融资担保”等领域，收集涵盖决策、组织人事、财务、资产、采购、纪检、投资、审计、巡视等相关数据，通过大数据技术、知识图谱与自然语言处理、区块链技术等进行不同方位、不同角度综合分析研判。在大数据技术研究方面，有的地方进行跨部门数据融合机制和生命周期管理研究，应用大数据关系信息挖掘与可视化技术，应用基于多源异构数据融合的纪检监察深度分析方法，应用基于大数据的基层“微腐败”监督技术，应用基于大数据的廉政风险动态监测和预警，应用社交媒体环境下民意调查大数据技术等。在知识图谱与自然语言处理方面，有的地方使用自然语言语义理解技术和党内法规信息检索模型与技术，开展基于知识图谱的纪检监察知识库构建技术研究，开展基于文本挖掘技术的纪检监察舆情热点监测研究。在区块链技术 + 纪检监察方面，有的地方使用了大数据背景下区块链助推精准监督的技术研究的经验、职务犯罪案件中区块链电子证据研究的经验和基于区块链的反腐败工作协同机制研究的经验。

二、构建智慧监督贯通融合机制存在的问题

各地探索监督贯通均取得了一定成效，但一定程度上还存在着缺乏理论研究、缺乏体系支撑、缺乏有力机制等问题，如监督的对象问题、贯通方式的问题、融合机制的问题都需要深入研究探索。有的地方对如何实现监督贯

通融合为“三不”一体推进提供科技支撑尚未破题。特别是县一级纪委监委对运用信息化开展监督工作热情很高、参与意识很强，但个别地方仍处于目标不明、技术不懂、盲目跟风阶段，迫切需要加强对监督贯通融合机制建设理论和实践的系统综合分析研究，着力构建上下联动、内外并举、纵横交错的动态监督运行体系，以期对这些问题进行回应和解决。

（一）监督对象的问题

做好监督贯通融合机制首先要解决监督的对象问题，监督对象少，解决不了实际问题；监督对象多了，会很庞杂，效果凸显不出来。这就需要我们进一步规划好监督的对象，针对党内监督的纪律监督、监察监督、派驻监督、巡视监督和党外监督的人大监督、民主监督、司法监督、行政监督、审计监督、统计监督、财会监督、舆论监督、群众监督进行整体规划，抓重点监督事项、抓重点监督领域，并与各部门形成联动机制，从省、市、县各抓一些与实际联系紧密的内容展开工作。如巡视整改方面需要扛牢巡视整改监督责任，紧盯巡视反馈问题，推动党委履行整改主体责任，协助党委推进问题整改，不折不扣地把整改工作抓实、抓深、抓出成效。

（二）贯通方式的问题

监督对象的问题解决了，就该解决贯通的问题了。有些重点领域的专项整治，不仅要实现横向贯通，还需要实现纵向贯通，才能收到监督的效果，并且要有多条路径实现贯通，如拷贝数据、专线、共享数据、云时代对接数据，选择一个密级低的比较好突破的进行对接。发现不同行业之间的问题，汇集贯通行业各类数据，通过整合信息资源，强化数据应用，推进关联查询应用系统建设，变被动监督为主动监督。围绕专项整治工作，可以结合实地调研了解情况、贯通融合获取数据、大数据研判分析建模建设各类监督贯通融合平台，形成监督合力，达到共同监督的目的。当今社会基础技术不断发展，以电子文档、邮件、报表为主要部分的非结构化数据增长极为迅速，而关系型数据库中的结构化数据增长则相对比较缓慢，这一现象产生的最为直接的问题便是大量非结构化数据的存储与管理问题。

（三）融合机制的问题

解决融合机制的问题，要坚持纪法情理贯通融合。执纪执法工作实践中，既要严格依规依纪依法，又要善于运用情理；既讲原则性、坚定性，敢于斗争，又讲政策性、精准性，善于斗争；既讲除恶务本，又讲树德务滋，做到对纪法情理的贯通把握和综合运用。从实践进行探索，就要对监督和审查调查进行融合，梳理信息资源目录，以为审查调查工作提供监督数据搜索子系统、企业信息搜索子系统、多维快速检索工具、话单辅助分析工具等为抓手，逐步形成信息查询一专多能，分析研判较为精准、审批流程简捷严密，并能支持省、市、县三级独立和协同使用的综合查询应用系统。

三、构建智慧监督贯通融合机制的实践应用

为贯彻落实习近平总书记关于各种监督协调贯通的重要论述和中央纪委国家监委建设监督信息贯通融合机制的安排部署，综合学习借鉴相关省、市建设探索经验，按照上述建设思路，提出采取实地汇聚贯通融合数据、大数据分析建模研判、构建省级监督贯通融合、构建省、市、县一体推进的贯通融合等建设监督贯通融合机制的具体思路和方法。

（一）汇聚贯通融合数据

在获取相关数据方面，要依规依纪依法归集纪检监察机关日常监督、审查调查、信访举报、巡视巡察、专项检查等数据，各类政务数据，各类巡视巡察报告、审计报告、统计报告、案件情况通报，巡视整改问题清单、责任清单、整改清单及互联网群众监督情况等各类数据，并对海量数据进行清洗、整理、归档，为分析研判工作奠定基础。在数据标准方面，要建立数据采集标准体系结构，明确总体通用标准、数据标准、业务系统标准、应用支撑标准、基础设施标准、网络安全标准和管理标准等，并详细列出每类标准的具体内涵。在数据采集方面，要按照国家相关标准采取前置机、数据接口、数据验证等方式采集数据，部署单向导入系统构建跨网数据通道，实现从互联网→电子政务外网→纪检监察外网→纪检监察内网数据的合规、单

向、实时自动导入。在监督数据汇聚方面，要通过电子政务外网和纪检监察外网大数据中心，实现对多类外部数据资源的汇集、存储，贯通融合专项监督、巡视监督、审计监督、内部监督、群众监督等数据，实现数据实时共享交换。如可要求省专项整治办公室向中央纪委国家监委和省纪委监委提供关于专项整治相关文件材料、领导讲话及安排部署，收集整理年度省委巡视组对某单位巡视的反馈意见以及该单位党组关于巡视反馈意见整改情况的报告等相关资料。

（二）大数据分析建模研判

运用规则分析法、数据叠加分析法、数据碰撞分析法、痕迹分析法、关系图谱分析法等分析方法，构建功能强大、精准分析、科学研判的工作分析模型。牢牢把握“三不”一体推进这条主线，既重视专项治理，又重视关注总体，综合运用各类数据分析比对模型与嵌入专项监督模块相结合。通过比权、比问题、比廉政、比落实等技术手段，分析部门或单位的政治生态状况，贯彻落实中央和省委重大决策部署情况、履行全面从严治党主体责任情况、权力运行情况、发现问题整改情况、廉政情况等。通过对政治生态研判指标体系的量化，构建政治生态实时自动评价体系，确保监督效果。以党员领导干部廉政档案为主干，围绕监督对象和监督单位相关事件、报告、信息等要素，以推荐、绑定的方式，确定事件、报告、信息与监督对象、监督单位之间的关联关系，通过 OCR（光学字符识别）、分词、关联分析，发现一批体制机制方面存在的问题及疑似问题线索，如将巡视反馈意见中的相关问题线索提取，并与其他数据比对碰撞分析后，初步发现其他相关问题及产生问题的深层次原因。通过分析研判发现，某单位确实存在治理体制不畅、改革推进缓慢、管理水平不高、内部控制较弱、“三重一大”程序等执行不到位、财务会计相关规定执行不规范等问题，将相应报告、信息推荐关联相应监督对象、监督单位。监督人员（监督检查室、派驻纪检监察组、高校国企纪委）通过读取调用推荐的报告，分析研判确定推荐是否准确，以实行绑定、取消推荐等操作。同时，激发用户积累报告资源的积极主动性，强化系统业务黏性与生命力。

（三）构建省级监督贯通融合

在省级层面要建设“一库两中心”为核心的监督机制和以专项监督为内容的市、县监督工程，形成“1+2+N”的监督能力，构建起以省级监督机制为纲，市、县专项监督为目纲举目张的立体监督网络，形成数据流上来、问题抓得准、漏洞堵得住的权力全过程监督体系。“一库”是指大数据监督主题数据库，归集各类监督数据、各地区各部门业务数据、互联网数据等数据后，进行数据清洗、整理、归类，形成可供纪检监察业务使用的各类主题库。“两中心”是指建立两大数据中心（内外网监督数据中心），主要实现数据内外网贯通及分级利用，统一部署一体化平台，采取省级集中部署模式，在省本级搭建内网数据中心，依托政务云建设外网数据中心，为全省提供数据存储、清洗、整理支持，避免“数据烟囱”。“N 系统”是指采用小快灵办法，聚焦重点领域，如招标采购、金融领域、影子公司、医保骗保、教育系统、人防系统、供销系统等，及时建设多个专项监督系统，逐步实现监督全覆盖。市、县纪委监委原则上不建数据中心，按需适度开发应用平台，采集相关数据，构建新模型或者运用已经成熟的模型开展分析研判，发现问题线索及背后深层次的体制机制问题，并不断改进优化迭代，形成一批精准有效的专项监督模型。

（四）构建省、市、县一体推进的贯通融合

采取省、市、县纪委监委一体化推进专项监督，成熟模型在市、县纪委监委推广，市、县纪委监委先行先试等三种方式推进工作。省、市、县三级根据各自特点优势精准定位，试点先行，取得经验后全省推开，依序推进，同时要特别注重基层监督建设，让群众参与到监督中来。在省级层面，要拓宽视野，通过引入前面所述的行政管理数据和民生、科研等数据，积极通过互联网获取舆情、人员社交、企业信息等海量数据，建构多维度分析深度感知系统，构建社交关系、利益链条等知识图谱，依靠自然、地理等客观背景数据从时间、空间、因果关系等多维度分析、验证，发现异常，锁定问题。

在市级层面，充分调动地方积极性，发挥市一级易于整体推进的优势，推动监督模块嵌入业务系统，发挥探针的作用，实现事前、事中、事后实时监督，并将问题数据提取归集至分析平台，形成方向，打开突破口。在县区层面，打通监督的最后一公里，通过纪检监察外网向下贯通，延伸到村居，发挥末端毛细血管运输作用，采集小微权力运行的鲜活数据，如村务公开、财务报销等数据。根据自身工作特点，选取某个领域，依靠省级平台数据中心背景数据，构建特色模型支撑数据分析，将问题用适当方式公开，方便群众监督。

四、构建智慧监督贯通融合机制的举措

党和国家监督体系是全面从严治党的基础性建设，是聚焦“两个维护”，强化政治监督，构建对权力运行和监督制约机制的重要保障。纪检监察机关统筹衔接纪律监督、监察监督、派驻监督、巡视监督，加强与党外各类监督的有效衔接，不断提高监督质效，增强治理效能。

（一）逐步建立监督贯通融合机制

监督贯通融合机制要从巡视巡察上下联动，与人大、司法、财会、统计、审计监督联动，逐步实现对各类监督信息的及时贯通汇聚、监督信息互通、成果共享，对突出问题实时预警，对政治生态动态研判，对整改效果长效监督。以智能分析加人工梳理方式形成政治生态简要报告及问题清单、建议清单、整改清单，督促相关部门查漏洞、补短板、强弱项，加强制度建设和监督制度改革，真正把监督贯通融合机制打造成“三不”一体推进基本工作平台。利用信息化手段，推进监督广度扩展，努力实现监督无处不在，让监督对象感觉到监督无所不知，形成有力震慑，达到“不敢腐”；坚持大数据思维，促进监督深度延伸，挖掘腐败根源，填补制度漏洞，扎紧制度的笼子，促进“不能腐”；构建分析模型集，着眼监督效度提升，让监督先行一步，形成监督预判，开展针对性警示教育，筑牢思想堤坝，最终实现“不想腐”。

（二）规划顶层技术方案设计

省本级按照中央纪委国家监委要求，研发部署业务应用支撑平台，统筹平台的硬件、软件和基础服务，并将省平台汇聚的数据资源，按需提供给市县纪委监委使用。软件采用一体化平台微服务技术，硬件采用超融合架构，底层系统采用虚拟化技术。针对监督贯通融合机制建设特点，从总体方案设计、需求规格说明书、软件详细设计说明书、数据库详细设计说明书、数据分析说明书、数据分析报告、平台集成实施方案、安装部署、软件测试、UI视觉规范等方面规范该平台的建设内容，同时详细列出总体方案设计提纲和需求规格说明书提纲。提出“微融合”的概念，构建微融合、微服务、微管理、微应用的整体架构，基于此拓展智慧监督的整体架构，构建“云监督”模式。以网络化、智能化为重点，使用5G、微服务、超融合、云计算、人工智能等技术，推动工程建设，实现技术领先。

（三）规划安全数据保密机制

严格遵守国家法律法规获取、存储、使用数据，特别是涉及个人隐私的要严格遵循《中华人民共和国民法典》。系统开发和安全工作两手抓，主要应用系统在纪检监察内网建设，严格按照重要应用系统等保密标准及涉密信息系统分级保护标准建设安全保密防护体系，数据以加密形式存储，所有操作全程留痕，确保系统运行安全和数据使用安全。加强制度建设，强化管理责任，严格按职责划分权限，按规定确定知悉范围，严格执行工作人员管理办法和电子数据采集、存储、使用管理办法，发现敏感或重大问题及时请示报告。同时要坚持过“紧日子”思想，软硬件设施能利旧全部利旧，聘请专业单位全程审计，开展警示教育，严守底线，坚决做到人员安全、工程安全、数据安全，努力打造“廉洁样板”。

（四）规划数据模型智能分析

通过数据治理，运用规则分析、叠加分析、碰撞分析、关系分析、行权痕迹分析等精准监督分析工具和相关预警模型算法对底层数据进行关联分析，发现和查找疑似问题线索，从监督重点、分析模型、算法实现、数据获取、数据呈现、治理反馈等方面，构建具有先进性、突破性的智能监督的系统架构、数据架构、技术架构。对建立的分析模型，进行日常监督，对异常数据进行预警。综合运用各类监督数据，探索建立各类专项分析模型库，进行汇总分析、量化评估，着力发现共性问题及可查线索，为专项办、监督检查室、审查调查室、巡视组、派驻纪检监察组、基层纪委等提供信息交流、线索移交转办、办理结果反馈等功能，支持监督工作取得实实在在的成效。监督贯通融合数据分析模型与传统大数据分析模型有所不同：传统的大数据分析模型具有明显的“黑箱”特征，对于历史数据存在严重依赖，特别是需要有大量的输入与输出相匹配的海量数据积累；监督贯通融合采集的数据很难构成规范的输入和与之匹配的廉政风险问题输出的数据关系，不能采取训练学习的模式构建模型。因此，构建分析模型还是要从白箱模型入手。所谓白箱就是运行机制和内部结构完全明确的系统，构建模型的思路应该从既往案例中梳理案件内部规律，得出数据表现层面的特征，从而严格数据特征与关联，形成分析模型，真正实现全样本大数据分析。要引入具有不同工作背景的人才，建设既熟悉典型案例，又了解不同行业数据背景的综合性分析人才队伍，实现从规划数据来源到探索数据规律、构建分析模型、服务分析研判一系列业务的专业化展开。通过不断升级迭代确保分析模型的精准性和有效性，通过海量数据的分析、学习，不断提高分析模型的智能化水平。

第四章　智慧监督要素模型构建

习近平总书记重要讲话指出，做好监督体制的顶层设计，就是要健全国家监察组织架构，形成全面覆盖国家机关及其公务员的国家监察体系。深入推进国家监察制度改革，关键是要解决监督模式创新中的理论和实践面对的突出问题，确保监督制度改革工作的顺利推进。当前，各级监察机关主动应对大数据互联网时代新的信息化技术带来的挑战，结合自身工作实际利用大数据和云计算技术，对“互联网＋纪检监察”模式进行积极探索，取得了一些成果。但是，监察体制改革中信息化手段运用的理论构建问题是薄弱环节，亟须从社会科学和技术发展两个维度的结合层面做出思考和解读。在此背景下，探索监察体制改革视域下“监督模型”的创新路径就具有更加突出的理论价值和现实意义。

一、“监督模型”提出的时代新背景

党的十八大以来，党中央高度重视网络安全和信息化工作，形成了新时代中国特色社会主义网络强国战略思想。正如习近平总书记重要讲话所指出的，“要充分认识做好信息化工作的重要性和紧迫性，因势而谋、应势而动、顺势而为”。“互联网”不再限于技术和工具层面对传统经济发展模式的改造和升级，而成为助推新时期监察制度改革的关键。因此，要按照党的十九大报告所确立的“增强改革创新本领，保持锐意进取的精神风貌，善于结合实际创造性推动工作，善于运用互联网技术和信息化手段开展工作”的重要指示精神，“让创新贯穿党和国家一切工作”，以信息化助力国家治理体系和治理能力现代化建设，充分运用好信息化手段增强监察制度运行的效果。党的十九大报告指出，新时期国家监督体系建设的改革思路是要“构建党统一指挥、全面覆盖、权威高效的监督体系”。通过健全国家监察组织架构，形成全面覆盖国家机关及其公务员的国家监察体系。深化国家监察机构改革，是一场系统性、整体性、重构性的重大制度变革，力度规模之大、涉及范围之广、触及利益之深，在我国行政体制建设历史上前所未有。随着改革的不断推进，传统监督体系系统性不强、监督手段运用衔接性不够、监督技术手段运用相对薄弱的问题异常突出，无法有效满足新时代发展对纪检监察工作提出的新的挑战和要求，特别是大数据等信息化发展对纪检监察工作新的期待和需要。利用好信息化技术手段，加强监督监管手段创新，把反腐倡廉与现代信息技术有机地结合起来，以更有效地推进反腐倡廉建设，使反腐倡廉日益成为社会各界关注的热点问题，同时也为党风廉政建设和反腐败工作带来了新的机遇。对此，中央纪委多次明确提出，要运用“互联网”思维，依托大数据等技术手段，切实履行监督执纪问责职能，创新机制并拓展工作模式和路径，从而“为监督插上科技的翅膀”。因此，在国家监察体制改革过程中，探索让科技服务监督的翅膀更加坚强有力的路径和方法，更好地助力完成新时代纪检监察工作的新使命，具有重要的理论研究价值和现实意义。

在网络信息化建设方面，当前一些基层纪检监察机关结合自身工作实际，积极运用“互联网+”思维深化纪律审查工作，并取得了积极成果。例如，一些基层纪检监察机关已经建成了监察信息权威发布平台、网络监督平台、宣传教育平台、互动交流平台：对外通过互联网拓宽案件来源的渠道，为公众提供了更便捷、更畅通的民主监督和诉求表达渠道，增强了监督效果；对内通过网络手段加强对办案全过程的监督管理，保证了查办案件工作的质量，提升监督效能。这些有益的探索和实践，一定程度上落实了“互联网+监察”的重要目标，为信息化条件下党风廉政建设和反腐败工作探索出发展的路径。在看到监察信息化建设所取得成绩的同时，必须清醒认识到随着大数据时代的来临，监察工作所面临的挑战将更为严峻。目前，基层监察机关开发完成的信息化管理信息系统往往采取现代软件工程的分析模式和分析方法。具体而言，就是运用较为成熟的过程化描述语言，设计出适合需要的 C/S 结构的纪检监察 OA 软件系统。这些系统虽然形式不同，但基本功能都是对纪检监察工作的新闻消息管理发布模块、党风廉政建设维护管理模块、纪检监察工作的案件监察工作管理模块、效能监察工作管理模块、组织业务建设工作管理模块、纪检监察办公室工作管理模块和系统管理模块等功能的整合。对于深层次数据共享、动态监控、分类监管、统计分析、辅助决策、预警预测等主要功能都还未深入涉及，还处于信息化和监督制度结合初步探索阶段。

与此相对应，“大数据”时代采用的是自下而上的数据挖掘方式，是从大量实际产生的数据中通过数据挖掘技术找到数据之间的关系并建立模型。这种以数据为先导的方式颠覆了传统的基于“自上而下”的数据运用范式。新时代监察制度改革中信息化手段的应用，不仅体现在宏观层面专门监督机关运用云计算提供的数据资源进行政策制定和执行效果的评查，而且体现在微观层面将相关数据挖掘技术手段运用到具体腐败案件的查办过程中，确保监督针对性和有效性的提升，这也是未来国家监督制度发展的重要方向。可以说，在传统数据搜集和运用条件基础上的监察模式，并无法达到大数据时代数据挖掘的最根本技术特征要求，两者的深度结合还缺乏一个中间必备的“桥梁”和“纽带”，这也对监察制度建设的“模型化”理论构建提出了新的要求。

二、“监督模型”理论的创新性构建

基于新的信息技术发展需要，纪检监察机关不仅要巩固已取得的利用信息技术提高自己工作的科技水平和信息化建设成果，同时也要深入研究基于大数据探索创新纪检监察工作，以此分析把握腐败和反腐败的规律与趋势，进一步增强纪检监察工作的针对性、有效性，提高科技水平。而在社会科学研究领域，任何复杂社会系统都是由组成要素和子系统的相互作用和运行机制所确立的。国家监察体制改革的关键就是要发挥各监督要素和子系统的整体性优势，把系统中各子系统整合成一个严密有机的结构形态。通过整合各监督主体要素权能和措施，进一步扩大监察范围、丰富监察手段，形成以党的纪检和国家监察为主导，以其他监督方式相配合的反腐倡廉新格局。上述目标的实现，首先需要从业务规范和运行机制中抽象出纪检监察系统组成要素，并在此基础上构建完善的监督模型框架，进而实现数字化和可计算性。

（一）模型要素“数量化”

随着互联网技术的深入发展，人的行为方式越来越多地在网络上有了“数据痕迹”，凡具备数据传输交换的地域就有数据的留痕。通过专业的数据挖掘技术，这些数据资料可以完整地再现行为人的活动轨迹，从而形成立体的数字画像。对于纪检监察机关的纪律审查工作来说，违纪行为和腐败信息在互联网和信息化的海量数据中都将留下蛛丝马迹，可能一条微博、一段视频就蕴含着一条监察线索，这种数字化的“立体画像”就意味着可能成为影响案件办理的最宝贵的监督信息来源。但是，在纪检监察大数据分析中，可能只有极少的一部分数据是“结构化”数据，即被计算机所识别的数字化语言，大部分的非结构化行为数据无法适用于数据分析，这就需要首先实现监督要素和对象的“数量化”。科学规范的数据接口技术以有利于各部门监督信息的相互连接，实现各部门间数据的有机整合，从而实现内外部各种非结构化数据的统一整合，从而为高效的数据挖掘和在纪检监察工作中深入运用提供理论支撑和技术保障。如贵州省纪委监委依托全国大数据产业集聚地这一区位优势，强化顶层设计、调整组织架构、夯实基础设施，建设部署了一大批应用系统，取得了积极成效：主要是运用大数据开展“数据铁笼”工程建设，建成了扶贫民生领域监督管理、“三公”经费监督管理、问题线索处置监督管理、省管干部廉政档案管理、综合办公平台、黔纪党建云等系统。扶贫民生领域监督管理系统与扶贫、民政、教育、人社、卫健、市场监管、住建等 15 个主管部门实现数据共享，直接通过省数据交换平台采集“云上贵州”政务云数据，通过自动比对、自动分析、自动挖掘，发现异常问题数据。利用财政部门现有系统建成了省级“三公”经费预算执行动态监控系统，可自动识别阻断不合规支出行为，发现违规或不规范数据。省公务用车智慧监督管理系统将全省公车纳入管理，实现了对公车的点对点监督。

（二）模型构建“数据化”

在信息时代量化研究社会领域问题，研究方法可以概括为问题事务模型→观念模型→抽象模型→数学模型，必须经历社会行为参数抽取→模型化体系构建→计算机数字模拟的实现路径。而在数学对象和现实对象之间，必须有一个中间环节，这就是抽象模型的构建过程。传统纪检监察模型一般遵循“自上而下”的监督范式，即从已有的监督经验和监督活动出发，根据理论设定出统计指标，再去利用统计数据进行实证分析和数据建模。这种模式所确立的信息化系统，一般具有体系封闭的特点，虽然功能实现上能够满足监督工作日常要求，但无法适应新的数据环境的监督需要。而在大数据时代实现监督模式的重大变革，核心思想就是要“让数据会说话”。具体在工作实践中，纪检监察案件案情各有不同，涉及的可能触发相关监察规范的情形多种多样，这对人们的有效数据识别、整理、筛选、存储等方面都提出了新的要求。而所有这些，都有赖于客观、全面、准确的数据。监督对象和行为信息之间量化数据关系的相互匹配，脱离了传统人工关联性匹配的行为模式，实现了从腐败数据本身进行挖掘来防治腐败，相对于传统监督模式而言是一种革命性的创新思维理念。“足不出户”便可直接查询被调查人员的基本情况、活动轨迹、社会关系等大量信息，从而将纪律审查工作人员从效率低下、烦琐费时的来回奔波中解放出来，审查方式逐步由人力密集型向信息效率型积极转变。

（三）模型运行“数字化”

从本质上理解，数学模型是以部分现实世界为一定基础而做出的抽象、简化的结构，是对现实模拟对象和信息进行提炼、分析、归纳、量化的结果。具体到纪检监察理论而言，构建符合其基本运行特点和规律的数学模型是实现用技术手段解释特定现象的现实特征、预测对象的未来发展和提供处理对象的最优决策或者控制的理论基础。作为复杂大系统环境之中的社会法律关系，同样可以经过一系列转换，变为系统研究对象，可以被视为由若干要素以一定结构形式连接构成的具有某种功能的有机整体。并能够从系统和要素、要素和要素、系统和环境之间的相互联系和相互作用的研究中进行综合、精确的考察。特别是随着近代模糊数学工具的诞生，以模糊集合为方法，采取相对简单的模型和运算，可对复杂系统做出拟合，使得人们对复杂社会系统的数学研究产生了质的变化。

对于新时代监察工作的信息化建设而言，构建完善相关系统的数学化模型，将文本性的数据量化为可供计算机系统识别和计算的数据种类和结构，成为监督模型“数据化”的重要途径。使用数学语言精确地表达监督对象的内在特征，通过数学上的演绎推理和分析求解，我们能够在监督过程中深化对实际问题的认识。实现上述要求，首先从业务规范中抽取纪检监察系统组成要素，在实现监察要素定义和计算逻辑体系数字化基础上，形成可行的规则运行机制，进一步拓展和深化，设计开发出集数据搜集、管理、监测和评估为一体的智慧监督系统，针对易发多发消极腐败现象的关键环节和重点领域，设置信息化、规范化的防范系统，对搜集到的信息资源进行汇总、综合、分析和反馈，通过设置精确的数值表现和预警指标，构建起新型的反腐倡廉防范监管机制，进一步增强纪检监察工作的科学性、前瞻性和预警性。

三、“监督模型”制度的创新性运用

模型最重要的作用是解释和预测，通过对模型中各种数学关系的演绎，不仅可以深化对某一已知事物的认识，而且可以预测未知现象的存在或未来事态的发展趋势。而建立模型的根本目的是为了应用模型。面对网络技术和数据信息技术给纪检工作带来的新情况、新趋势、新变化，纪检监察部门在信息化系统实现过程中要进一步开拓视野，不能以僵化的思维和落后的手段应对信息化带给新时代纪检监察工作的新挑战，要善于将传统手段与现代科技相结合，将信息技术、通信技术和网络技术等科技手段有机融入党风廉政

建设和反腐败工作实践之中。

（一）严格监督

传统纪检监督模式的基本设定是在有限信息获取和数字运算基础之上的思维方法和理论原理。这种基于获取信息能力有限性的理论思维模式，对于客观存在的监督信息数据采集方法，往往采取抽样调查获得的方法，譬如常见的抽样调查、有限数量的问卷调查、日常纪检监察约谈等方法。在案件线索的获取方式上，一般也是采取被动接受的工作模式，主要是以对来信来访和举报进行筛查处理，从而获取对监督对象行为模式外部情况的描述信息。这种基于有限数据信息采集方式的处理模式，虽然出发点是通过科学的抽样方法来获取尽可能准确的统计结果，但其中一个潜在的问题是选取样本的统计方法再科学，也无法获取行为对象全面性的数据。基于这种带有抽样性的数据处理过程，可能会遗漏行为人“非样本”数据信息，导致可能存在取证思维的有限性、事实还原思维的片面性等情况出现。与这种基于“抽样性”和“片段化”特点的监督信息采集方式不同，大数据时代的监督思维模式将首先摆脱抽样数据思维模式的束缚，采取“整体性”和“全方位”的数据采集方式对监督对象进行“全景式”监督扫描，最终形成更为精准和客观的监督分析报告，从而在一定程度上弥补了传统抽样调查所带来的“虚监”“漏监”等问题和缺陷。

（二）评估引导

所谓“评估体系”是指特定的组织机构（评估主体）根据相关法律制度规定（依据），按照一定的标准（指标体系），通过一定的方法，对既定的对象（评估客体），进行评估而形成的相应体系。具体到“监督模型”理论而言，其评估体系的作用机理在于通过运用党风廉政建设相关制度依据，以信息化的技术手段为保障，以监督要素所确定的评估指标体系为衡量内容，以科学有效的调查研究与分析预测为对策依据，对党风廉政建设和反腐败斗争形势进行评估。这种评估体系作用的发挥，将直接提高反腐倡廉建设的质量和水平，对实践中存在的监察倾向性、苗头性问题，进行汇总、分析、判断，进而把握动态、分析原因，最大限度地保障廉政风险预警机制的高效运行，充分发挥评估机制的预防作用。通过信息收集、整理和综合开展评价工作，客观、公正地反映被评价对象的廉政状况，实事求是地评价被评价对象的廉洁从政情况，为廉政建设的发展提供资源，为被评价对象的廉政发展趋势和廉政制度的发展趋势的预估提供客观依据。科学的廉政制度评价体系在对被评价对象过去综合的廉政情况进行判断的基础上，在一定程度上对被评价对象的潜在腐败犯罪可能性与未来廉政情况做出一种预测，这种预测是有廉政制度评价结果依据的。

（三）预警防范

防患于未然是权力监督和制约的基本原则。面对新的历史时期形成反腐败斗争压倒性优势的重要目标，建立完善以惩治和预防相结合的制度运行机制，是新时期监察制度建设的重要着力点。在监督要素体系形成的基础上，纪检监察机关可以探索搭建统一的数据库，通过打通数据屏障，消灭监督信息孤岛，将与腐败密切相关的数据来源进行整合，通过对银行金融、财政事务、政务运行、人事变动、公众舆情等进行统筹，让各种独立的数据在保密情况下互融互通，从而实现数据之间的自动识别、自动比对，进而实现自动预警，更加准确地预测出可能触发的风险点、容易滋生腐败的重点环节。惩防并举的基础首先是“惩”，要发挥“严惩”的震慑力，通过严格依法依纪查办案件，切实提升党纪国法的约束力，这是全面从严治党的根本之策。借助更先进的技术手段来认识腐败的规模、分布、表征以及演化规律，从腐败行为的轨迹、规律出发，寻找重点领域、重要岗位、关键环节腐败行为的共性特征，挖掘出权力出轨的情景和土壤，及时发现并堵住“漏洞”，进而及时修订完善相关规章制度，建立更加严密的制度监管和约束，把权力关进制度的笼子里。如从技术架构看，沈阳市纪委监委大数据监督平台主要框架是“一库四系统”和“5+1+N”。“一库四系统”框架中的“一库”是指大数据库，即依托沈阳市大数据局的海量资源，经过筛选后形成数据监督的基础数据。四个系统：一是公示系统，建设了正风肃纪大数据监督平台互联网站、微信公众号及“监督通”App，用于公示民生资金发放、各类项目等情况，接受举报监督；二是智能分析系统，构建了对监督数据的分析比对模型，用于主动发现疑似问题线索；三是预警系统，合理设置报警规则，对涉嫌违规违纪操作实时预警；四是实时查询系统，建立检索模型，可对信息实时查询检索。“5+1+N”架构中，5 是指数据备案平台、门户及业务平台、智能分析平台、云平台、信息安全平台等 5 个基础平台，1 是指大数据库，N 是指推动各部门单位建设的各类管理及专项治理系统，各系统使用相同标准，共享一个数据库，有效避免了“数据烟囱”。

四、“监督模型”制度的创新性规划

目前，我国现阶段纪检监察机关一方面应用大数据的技术还不成熟，数据的收集存储、挖掘分析等都还比较薄弱，特别是缺乏对数据的深度分析，尤其是对主要指标的深度解读，仍缺乏一套适合国情、符合发展需求的、成熟的大数据分析体系。另一方面，纪检监察机关对运用大数据开展纪律审查和监督建设的重要性、紧迫性认识不足，对技术研发、数字化运行还需进一步加强，在构建大数据平台、整合数据化资源上还有待进一步完善。同时，纪检监察工作运用还涉及税务、金融、公安、房产、国土等跨部门、跨领域、跨地区大数据，因此需要规划、建构一套综合性多方面，且在诸多环节发挥作用、相互配套的数据链网，打破“数据壁垒”和“信息孤岛”，实现纪律审查和监督建设中不同层次、不同领域、不同定位的各种规章、规则、细则、机制、体制相互耦合、衔接的数据体系建设目标。在新的历史时期，要发挥大数据的巨大应用价值，应该紧随时代潮流，积极转变纪检监察信息化应用职能，改善技术方法，增加信息化投入、完善指标体系，推动纪检监察统计的进一步发展。

当前，从事纪律审查纪检监察的干部因年龄、学历、知识结构等因素的综合作用，导致自身素质和技能不能适应大数据时代的需要，整体人才建设仍不能满足大数据反腐需求。这不仅对我国大数据人才的培养提出了挑战，更对纪检监察机关进行大数据人才的选拔和人才体系建设提出了新的更高的要求。在实践中培养专业化的人才队伍将是纪检监察机构运用大数据创新纪检监察工作过程中不容忽视的重要环节。进行学科建设规划，吸引更多的人才投身于大数据反腐败分析技术研究，促进反腐败研究成果转化，特别是建设一支具备适应互联网思维、大数据技术能力的专职纪检监察干部队伍，提高从大数据中加强监督的能力，提升纪律审查水平。在具体模型构建和系统实现过程中，需要一大批既懂管理，又会运用大数据的理论工作者和从事行政实践工作者及科技工作者的密切配合，也需要不同领域、不同部门、不同地区纪检监察机关协调推进，从而更有效地管控运用大数据开展执纪审查和监督建设。

五、智慧监督模型构建理论基础

习近平总书记的重要讲话指出，推进大数据在国家治理体系现代化建设中的深度运用，落脚点在于提升广大领导干部学习好大数据的“基本功”，进一步增强利用好大数据推进各项工作的“本领”。2019 年 1 月，习近平总书记在第十九届中纪委第三次全体会议上的重要讲话进一步指出，要进一步深化国家监察体制改革，加强监察机关内控机制建设。推动大数据与监察体制改革的深度融合，是实现国家治理体系现代化建设的重要领域和内容。但是，在现实中对于什么是大数据监察理念、如何加强大数据监察建设等问题还存在一些模糊之处，特别是从思想理念到技术实现之间的模型构建还存在研究空白。因此开展相关制度模型的构建对于深化监察体制改革具有一定的理论价值，对于推动领导干部深入学习和思考大数据思想具有一定的现实意义。推进大数据在监察体制改革中的深度运用，是实现国家治理体系现代化建设的重要任务。特别是在深入学习贯彻习近平总书记第十九届中纪委第三次全体会议上的重要讲话背景下，探索大数据技术与监察制度发展的深度融合，是实现监察机关自身规范化建设的重要内容。因此，深入分析当前大数据模型构建和技术实现存在的紧迫问题，提出建议和解决思路，对于明确各级领导干部监察改革工作中的职责和使命，具有一定的理论价值和实践意义。

（一）基于大数据视域监察模型的理念发展

从历史发展的角度来看，随着近年来国家信息化建设整体战略的推进，监察信息化发展已经取得了瞩目成绩。一些基层纪检监察机关在多年以前已经开始重视将信息化与监察工作之间的技术融合，多地已经建成了基于监察信息网上搜集、系统辅助研判决策、信息发布与宣传教育相统一的“互联网+监察平台”，不仅有效提升了纪检监察机关监督工作效能，同时也加强了群众监督，提高了监察工作的科学性水平。在看到上述成绩的同时，必须清醒地认识到上述系统的建设原理，还是基于传统数据搜集研判机制，无法完全适应大数据时代信息化发展的新趋势和新要求。

1.“大数据”时代监察信息来源的巨量化

从信息化技术发展的代际关系来看，大数据时代与之前数据时代发展的最大区别在于信息数量和规模的指数级增长，这也是新时期发展对监察制度改革提出的崭新理念和挑战。传统纪检监察工作模式，往往是基于对有限数据集信息的搜集和整理，即通过举报信息或调查取证，对监察对象的监察事项进行分析和研判，最终取得监察结论。与之相对应，在这种工作模式中监察信息化建设往往采取的是“自上而下”的体系结构设计，即通过对现有监督规范进行数据化建模，实现监督系统与现实数据之间的一对一映射关系，从而达到监督过程和流程的自动化，实现监察活动的信息化管理和规范运行。这种基于“WEB1.0”时代“小数据”规模的封闭性监督系统的核心在于设计好各组成部分的相互耦合关系。但是随着“WEB2.0”时代的到来，自媒体技术的发展日新月异，产生的“数据留痕”规模越来越大，在海量数据中再去寻求与监督系统的简单映射关系已基本无法实现，亟须一种崭新的数据挖掘技术实现监督信息的有效搜集和发现，以适应新的数据环境下监察工作新的发展需要。正是基于上述背景，以数据为核心构建“自下而上”的监察体系模型成为大数据时代的必然选择。这种以数据挖掘技术为基础的监察系统，不以事先预设的要素关联和制度假设为研判前提，而是通过数据挖掘技术找到现实监察工作中的信息数据关系，并自主建立新的监督关系，通过与监督规范之间的差异性比对，达到监察工作流程信息化的目的。

2.“大数据”时代监察系统模型的复杂化

在大数据时代进行社会问题研究，根本实现方法是建立模型。所谓建立模型，从哲学方法论的角度来看，是对外部实体进行一定程度的简化和必要的抽象，运用适当的技术表现形式，描述实体基本特征和模拟规则运行。因此，从哲学视角来看模型与主体之间的耦合程度，是模型构建有效性的基本衡量标准。作为一种复杂系统，社会控制行为的模型构建一直是系统论研究的重点和难点问题。从监察制度本身来看，涉及监察主体因素众多、关系结构错综复杂、目标实现多样化明显。要实现这种多变量、多因素、非线性、自适应复杂巨系统的模型构建，就必须要有更为先进的方法作为支撑，这样才能将上述复杂化系统还原为较为简单的“元要素”关系进行处理。

3.“大数据”时代监察功能处理的模糊化

现代系统论认为，社会管理模型运行的目的，在于通过构建“精密”的运行机制，实现对输入系统信息的有效处理。而上述过程的实现，关键在于系统结构的科学构建。目前，在大数据模型处理的结构选择上，往往采用模糊化的数学工具进行综合评判，对现实的非结构化数据进行系统处理。简单理解就是将监督信息来源作为一个“模糊”子集，通过数据的运算将原本“模糊”的数据逐步清晰化、体系化，从而达到全面刻画和模拟本真状况的目的，并经过数据整合达到对监督对象行为“数字画像”的目的。但是，目前监察信息的分析工具还主要针对传统的结构化数据展开，即一般表现为采集廉政风险点或标准化的监督事项填报，无法达到大数据时代数据挖掘技术特征的要求，两者的深度结合还缺乏中间的桥梁和纽带。

（二）基于大数据视域监察模型的逻辑路径

综合上述分析可以看出，大数据技术的运用和发展，为新时代中国特色社会主义国家监察制度建设和发展带来新的机遇，但纪检监察机关如何运用好大数据推动监察体制改革则是信息化时代监察事业发展的一项重大课题。

其中，解决传统纪检监察工作与大数据技术之间相互衔接这个突出矛盾，建立起连接两者之间技术鸿沟的桥梁，构建起中间衔接环节的制度模型是实现大数据时代监察制度发展的重要路径。正如前文所述，在现实与虚拟相互交融、彼此渗透的现代社会之中，凡具备数据传输交换的现实的社会交往活动都会有实时数据的留痕，并且在虚拟数据坐标当中留下相应“定位”。通过设计符合大数据环境的监察数据结构体系提升数据挖掘和整合能力，制定科学规范的数据间接口技术以有利于各部门监督信息的相互连接，从而实现系统和环境之间非结构化数据的无缝对接，为实现“大数据”技术在纪检监察工作中深化运用提供理论支撑和技术保障。

1. 数据结构的体系构建

在基于传统数据处理模式下的监察模型设计中，数据的结构体系建设问题并不十分突出。这是因为在原有信息处理方式中，规范化的计算机可量化识别的结构性监察数据所占比重较大。监察机关工作人员可以基于人工查询方式，利用互联网有针对性地开展前期初查，从而形成完整的证据链条。但是，在大数据时代，数据不仅规模大而且相互混杂。其中，只有占比极少的数据类型是直接可识别的结构化数据，大量数据是不可直接进入传统监督信息处理的非量化数据结构。例如，在自媒体时代，大量的监察线索都蕴含在互联网留存的微信、语音和视频中，在海量信息中监察系统实现自动发现并识别这种非量化违纪腐败线索的难度其实在不断加大。在信息要素种类多样化的同时，数据结构之间关系的多样化特征则更为明显，证据与事实之间具有引起与被引起的因果关系往往被淹没在数据洪流之中。如何在不同类型的数据之间有效构建起联系渠道和关系结构，成为构建监督模型数据结构体系的前导环节。在线索发现之后，监察系统的取证分析、案件研判、监督画像等环节，都有赖于这种结构化数据的信息传递和加工。因此，基于大数据环境的监督模型构建，首先需要通过模型算法的开发设计，将非线性数据转化为统一可识别的数据类型，实现单纯的数字、文字等结构化数据和音频、视频、地理信息、通话记录等非结构化数据统一编码和数据化，从而为迅速、高效挖掘出可以作为判断依据的监察信息提供有效制度保障。

2. 监督要素的提取处理

传统监督模型的设置，采取了“指标化”的量化模式，即通过设置权重不同的廉政风险点来确立静态化的指标体系，并以此为基础对真实情况的监督环境进行映射，从而达到对监督活动进行系统自动处理分析的目标。这种量化结构的最大特征是指标体系的离散性，很有可能导致因为指标设置“粗粒化”而出现漏监等问题。“大数据”技术核心观点认为，规范有序、科学合理的数据结构体系，从形式上看是由一系列彼此要素独立、相互联系依存所组成的一个整体，其中蕴含着对主体对象特征的完整描述。实现对主体整体性描述，关键环节是对这些数据进行筛选和整理，这就是数据挖掘的过程。而实现这一过程，需要对哪些数据进行分析，进行样本的标识处理，就涉及监督要素的提取问题。法社会学理论认为，社会规范系统的运行并不直接去调整社会行为本身，而是通过抽象的概念和范畴等要素形成规则的空间体系。这种封闭性的规范空间系统实现了监督要素提取的连续性，在此基础上规范执行机构只需将制度空间与现实的社会行为空间进行耦合处理，从而实现调整社会关系的目的。具体到监察制度而言，监察案件案情各异，现实中涉及的可能触发相关监察规范的情形多样，对系统有效进行数据识别、整理提出了新的要求。这就需要在监察要素的提取过程中，对监察实体原型进行必要的简化抽象，并用适当的规则将其主要特征标注出来，通过监督要素和行为对象之间量化数据关系的相互关联性匹配，实现对于监察行为的信息化处理。

3. 模型算法的优化设计

实现了监督数据结构化和规范要素特征化之后，监督模型设计的重要环节是实现两者的系统整合，即模型分析功能的实现问题。在大数据背景下，模型算法的构建要具备全程性、主动性、实时性等功能特征，实现事前监督指标对应、事中监督监测规范、事后监督严密准确的“全过程分析”模型运行目标。对于这种复杂的社会模型体系，传统的基于离散数学分析的系统动力学模型往往会出现较大的系统偏差。这是因为，以简单特征为对象的传统系统分析方法，采取的是“分解—还原”的分析方法，即对系统要素进行分解，并分析各要素之间相互关系，以此为基础进行多次迭代，用以模拟现实系统运行情况。这种监督模型运行过程中，对党员领导干部违纪行为认定必须严格地遵循因果逻辑关系，要求监察证据与事实之间具有引起与被引起的线性关系。但是，在现实中对于监察系统这种复杂社会系统而言，要素组成和关系的复杂程度无法再应用这种从离散到连续的迭代运算，所得出的系统运算结果很有可能产生巨大的偏离，迫切需要适应大数据时代新的数据模型和算法体系。

近年来，基于自适应系统的“元胞计算机”算法模式在大数据模型构建中发挥着越来越重要的作用。这种算法与传统还原性模型原理不同，是直接根据复杂系统自适应性特征，通过要素之间设定相应的模型结构与演化规则的逻辑算法，实现要素自主自适应组织结构，产生要素关系集合，进而使系统组织自生成，从而达到逼近现实复杂系统的目的。这种算法不仅在静态层面适应了监察模型的复杂性特征，同时在动态层面能够适应大数据环境下新的监察要素不断涌现的情况，从而成为对现实监察行为最优化的模型处理结构。

（三）基于大数据视域监察模型的技术实现

目前来看，将“大数据”技术分析运用到纪检监察工作的时间较短，相关理论研究还不成熟充分，特别是在监察数据要素和信息结构化建设技术开发方面任务繁重，基于复杂系统的“元胞计算机”算法与监察模型的结合程度还处于探索之中，因此基于大数据环境下的监察模型技术发展和实现任重而道远。虽然有着诸多困难，但是大数据与监察工作的结合已经成为趋势，时代发展对理念的提升和技术的实现提出了紧迫要求，因此围绕当前监督模型的技术实现，首要完成的基础性工作体现在以下几个方面：

1.“监察要素”图谱化设定

在当前模型构建的诸多紧要工作中，基础性和首要性的任务是实现监察要素的抽取与赋权，进而形成逻辑图谱，从而为监察数据结构的设定奠定基础，这也是实现过程中难度相对较小的环节。在开发工具上，可以采取数据模型中广泛采用的层次分析法（AHP）。通过采取分层方式，将监察规范体系中的复杂要素进行指标体系设定，将监督要素划分为目标层、指标层和准则层三级指标体系，并组成树状结构的指标模型。从而将监察法律和党内法规进行全面梳理和分析，明晰不同层级要素之间横向相互影响、纵向相互制约关系。从而将文本性的规范体系，转化为系统抽象和体系明晰的架构体系和谱系结构。在要素提取和关系图谱设定过程中，要进行适时的系统优化，既要避免指标体系过于庞杂，又要避免因素单一导致系统失真，实现可操作性和有效性的辩证统一。通过归纳整合相似的指标内容，以最优化的适度的规模结构全面系统地反映评价对象的内容，从而得到指标体系整体功能最优化的处理结果。

2.“监察数据”规范化整合

随着大数据技术在社会系统运行中的广泛运用，数据结构化问题已经摆在了突出位置。这不仅关系到监察制度运行的数据规范性、有效性问题，而且重要的是体现为不同社会治理中数据衔接性问题。在大数据时代，每个系统都有一套各自的数据变量编码和制定规则，并已形成体现本行业特征和规范体系特点的研发标准。这种开发方式无可厚非，却给大数据时代的数据挖掘带来了“数字鸿沟”。这就需要统一规范数据系统开发中的对接口、变量和函数，制定相应的国家和行业标准。同时在进行研发时遵循面向对象的开发原则，为未来系统之间的数据衔接预留开放的接口。就监察系统而言，以深化监察体制改革为切入点，推动建设覆盖全国纪检监察系统的信息共享平台已迫在眉睫。首先需要对各地重要的廉政档案信息和党风廉政信息进行统一数据化处理，在此基础上整合相关部门的关联数据，将涉及跨部门、跨领域、跨地区大数据信息进行统一录入，打破“数据壁垒”和“信息孤岛”，实现监察机关数据的全方位、多角度采集，确保监察机关对办案对象监察信息全程跟踪、实时监控，从而确保监察全覆盖目标的实现。

3.“监察模型”阶段化实现

正如前文所述，对于监督模型算法的开发需要采取以复杂系统为工具的“元胞计算机”算法模式。这种新的技术手段目前还处于研究深化阶段，在社会科学领域的运用还需要进一步研究。在上述开发工具完善之前，要实现监督模型的技术，可以采取“知识图谱”技术模型手段。所谓知识图谱，简而言之就是通过对大数据挖掘技术获取的样本数据进行算法编制，获取其中的标识信息，进而设计系统模型，达到数据挖掘和系统构建的目的。虽然知识图谱技术较元胞计算机算法模式缺少了要素的自适应算法，从严格意义上讲无法完全适应大数据时代系统发展的新技术要求。但是，就目前而言，此项技术的运用能够在必要程度上实现监察系统的构建和运用，并在最大限度上满足技术开发的现实需要。因此，可以加以广泛开发和深度运用。

总之，基于大数据背景下的监察模型研究和实现问题，是一项规模宏大的系统性社会工程。不仅需要各级领导干部提升对大数据技术的了解和熟悉程度，转变传统思维模式，也需要从顶层设计角度，对系统开发进行总体规范，并从技术、人员和保障等多重因素予以整体考量，从而不断开拓大数据监察工作的崭新局面。

第五章　智慧监督规范空间构建

党的十九大报告指出，全面推进依法治国的总体目标是要建设完成“完备、高效、严密、有力、完善”的“法律规范、法治实施、法治监督、法治保障、党内法规”五大法治体系，为深化新时代中国特色社会主义法治建设做出了重大战略部署。作为党内法规体系的重中之重，党内监督法规体系建设不仅关系到党内制度机制运行的高效性，也涉及整个法规体系的系统完备性。以马克思主义唯物辩证法为基本方法论，运用系统思维与系统方法，综合多种研究范式的优势，促进党内监督“规范空间”数字化理论研究与法治实践有机结合，具有理论可行性和现实意义。

一、逻辑起点：系统“规范空间”理论基本内涵

对于人类社会而言，法发挥着规范调整的作用，是检验社会文明程度的重要标志。社会系统按照社会规范的系统预期设定进行规制和运行，则是其总体秩序性目标实现的重要保障。贝塔朗菲（Bertalanffy）开创的现代系统论认为，任何系统都是一个有机的整体，而不是各个部分机械地简单相加。即无论是本质主义，还是工具主义，系统都可呈现为由若干要素以一定结构形式连接构成的具有某种功能的有机整体。近代系统论研究则进一步认为，整体的“系统”分解为“要素”是系统静态分析的基础。从动态运行角度分析系统要素和环境之间的整体性、关联性、等级结构性、动态平衡性、时序性等特征，探求系统的结构与系统功能之间的联系成为近代系统研究的主要范式，从而诞生了与“要素—整体”思想相对应的“机制—运行”的功能主义分析维度。首次将近代系统理论运用于社会科学，特别是法律问题分析的

思想家是德国社会学家卢曼（Luhmann）。近年来，通过在传统法学研究领域中引入系统性思想，开启了对法律观念、制度、体系产生和运行机理的模型化研究，并从20世纪80年代开始影响到我国社会科学特别是法学研究领域，掀起了系统法学研究热潮。

系统法学研究范式和方法认为，作为一种社会调控机制，法的运行机制原理是通过对社会运行结构优化和行为协调，实现对社会关系的调整和调控。换言之，作为一种规范体系，法并不能够直接去调整现实的社会利益关系和行为模式，而是通过立法者的立法行为将理想化的社会运行模式进行规范化和系统化，从而抽象形成各种条文化的法律制度体系和范畴。正如韦伯（Weber）所认为，法的“体系化意味着，建立所有由分析所获得的法的原则的联系，使它们之间组成一个逻辑上清楚的，本身逻辑上毫无矛盾的和首先是原则上没有缺漏的规则体系”，而在这种规则体系之下“一切可以想象的事实在逻辑上都必须归纳到它的准则之一的名下，否则，它们的秩序就失去法的保障。”在上述过程中，社会运行的现实性具体规范被抽象规则具象化，这种规则体系在不断自我完善过程中形成了具有逻辑性的空间结构，形成了独立运行的空间。这种“规范空间”通过规范的执行，将抽象的形式化的规则体系运用到调整现实的社会行为活动中去，从而实现以实体性规范手段来调整社会关系的目的。

（一）西方系统法学“规范空间”理论梳理

在西方法学思想家中，最早涉及“规范空间”理论的是萨维尼（Savigny）。他将法视为一个预设和封闭运行的空间，这个抽象空间存在的意义在于对事实空间进行先验性的预设与描述，并对社会行为进行规范和调整。受近代凯尔森（Kelsen）倡导的法律实证主义“法律即规范”思想的影响，将法律系统构建与现实之间关系简化为一种相对应的“映射”形式，强调社会现实空间与法律秩序空间之间的对应性。但是社会生活的复杂性必然投射到法律规范体系之中，带来规范空间构成的复杂性，引发了形式理性与实质理性之间的价值背离的突出问题，成了上述理论无法回避的理论“危机”。正是受上述思想影响，卢曼所确立的社会法学思想强调法律的自生性和自适应性特征。他认为法律规范能够以相对简单结构的自适应性与复杂的外部环境之间形成耦合关系。在外部环境内化为法律制度本身的过程中，外部环境的复杂性被映射到规范内部空间之中。法律规范系统空间要素的简单运行（或称为运算），将自身系统的规范性特征反馈“投射”到外部空间之中，使得法律关系能够有效地调整社会关系。

（二）马克思主义“规范空间”理论逻辑证成

法系统学研究的“规范空间”理论产生于近代的系统思想发展的历史进程中，但追根溯源，对“规范空间”理论的形成和发展具有最初重要指导意义的是马克思主义系统观。马克思主义基本原理认为，无论是自然还是社会都是“能够依靠经验自然科学本身所提供的事实，以近乎系统的形式描绘出一幅自然联系的清晰图画”。而在法哲学研究视域中，法和法律是作为两个层面的概念加以分析和运用的，法学研究的目标就是探讨“真正的”法和“形式的”法律的辩证统一。在马克思主义经典作家看来，“事物的法的本质不应该去迁就法律”，与之相反“法律倒应该去适应事物的法的本质”。任何法的制定并不是某一个阶级任性的产物，而是人们实践活动经验的总结，是从社会现实生活中抽象和概括，并由国家意志固定化建立起的一种秩序目标形态。这种法律规范空间调整下的社会，所处的状态称之为有序的秩序形态。在强调抽象性的同时，马克思特别强调“这些抽象本身离开了现实的历史就没有任何价值”。虽然法律规范体系以完善的运转形式，将作为其物质载体的社会关系内容具体化和系统化，但是抽象的规则体系，必须回到现实社会，通过实践活动约束和促进人类社会秩序的形成从自发转化为自觉，消除了人们自发行为规范的模糊性和不确定性。只有形式的“规范空间”最终实现向真正的规范价值回归，才能最终达到内容与形式的辩证统一。正是基于上述思考，马克思主义经典作家才认为“理念变成了独立的主体，而家庭和市民、社会对国家的现实关系变成了理念所具有的想象的内部活动……如果理念变成了独立的实体，那么现实的主体在这里就会变成与它们自身不同的、非现实的、理念的客观要素”。

二、党内监督“规范空间”数字特征

规范空间理论的意义在于实现“记录、重构和简化世界的复杂性，通过这种简化过程，行动者使世界变成更加适应人类需要的一种最低限度的秩序，以便使人类能够在这个世界中按照其特定的计划方式引导其行为的实现”。以“规范空间”为系统方法分析党内法规，特别是党内监督的规范体系问题，必须首先对党内法规的“规范性”属性进行分析和界定。以此为逻辑引入，才能进一步把握党内监督规范空间的基本特征等一系列重要理论。从系统构成角度看党内法规所调整的对象是涉及领导体系、组织运行、行为规范、运行机制、纪律保障等各子系统和要素构成的体系，“据此形成一个纵横交错的网络化治理格局”，具备社会规范系统的一般属性，进而为实现数字化提供了重要理论基础。

（一）“规范性”数字特征

从法律的概念和《中华人民共和国立法法》的规定来看，党内法规不属于国家法律体系的组成部分，党内法规与国家法律体系在制定主体、实施对象、制度渊源、调整关系上存在本质的不同。但是从党的十八届四中全会所确立的社会主义法治体系来看，作为社会主义法治体系的共同组成部分，国家法律和党内法规作为调整社会关系的制度规范手段，在国家治理体系现代化进程中共同承担着治国理政之重器的重要责任。具体而言，党内法规以纪律规范为基础，通过法律语言表达方式的逻辑转换，将纪律这种政治话语转化为具有规范体系的话语体系。抓好制度建设，才能强化党内监督机制，使基层党建工作逐步走上经常化、制度化、规范化的轨道。只有形成一套互为补充、互相制约、程序化、规范化的制度体系，才能增强权力监督活动的规范性，提高监督的实效。从制度规范制定环节来看，党的任何一项制度都是由党的权力机关按照相应的规范性程序制定实施，是党员意志的集中体现。从制度执行环节来看，制度文本一旦成为党的正式法规，对全体党员都具有适用的普遍性、强制性和严格的约束力，各级组织和每个党员毫无例外都必须切实遵守。从制度修改完善环节来看，党内法规一经实施，非经正常的修订程序不得随意修改。基于上述分析可以看出，党内法规虽然不属于传统意义上的法律规范，但从规范体系角度看，依然具有“空间”的规范性特征。

（二）“体系性”数字特征

作为党内政治生活的“稳定剂”和“压舱石”，党内监督制度建设“是一项基础工程，其实质具有监督性，其功能具有制约性，其效用具有规范性。制度安排合理，是监督体系规范科学的基础”。从形式上看，在党内监督空间体系中最小独立承担运行功能的单位是规范，而不是条文。也就是说，要素的构成是以条文群的形式所确立的一种独立承担调整党内监督关系的规范内容。组成系统的各个规范要素形成了相互依存、制约的复杂网络结构。这些内部规范之间的耦合关系，形成了规范集，并在这种“规范集”基础上构筑起“空间网络”。在这种空间结构中，各要素之间的层级具有不同的权重，从而使得这种空间体系从平面走向了立体。正如《中华人民共和国宪法》是国家法律体系的根本大法，《中国共产党章程》（以下简称《党章》）在党内法规体系中发挥着党内宪法的重要作用，具有最高的效力。它不仅是其他所有党内法规制定的基本依据，更是全党必须严格遵守的基本准则，发挥着党内监督制度重要的指引作用。在《党章》指导下，党内监督制度体系建设逐步推进，按照《中央党内法规制定工作五年规划纲要（2013—2017年）》规划目标，党内监督法规体系的完备性、可操作性已经得到有效增强。目前已有条例与相关配套制度的衔接工作正在逐步推进，制度之间在实体准则、运行程序、制度约束等方面相互衔接的“空间体系”细化工作正在逐步深入。但从“规范空间”角度看，这种封闭纵横交错的网络化规则体系中，各种行为规范之间相互交织、彼此联系，体现出一种复杂特点。例如，新修订的《中国共产党廉洁自律准则》和《中国共产党纪律处分条例》，对原有制度规范中的一些模糊条款进行了修改完善，有效提升了党内法规的制定质量。但与此同时，新的巡视条例、干部选拔任用程序和监督程序等都涉及廉洁自律等相关规定，规范之间的“空间”结构和衔接关系并没有得到有效的厘清和规范。在创建党内监督法规制度时，应当充分考虑与之相关联法规制度的衔接、协调和配套，努力避免相互之间的碰撞和遗漏，最大限度地提高规章制度规范效能。从系统法学角度出发，在确保法律自身自律性运行条件下，适应外部不确定性因素挑战，进一步完善党内监督规范空间的“数字化”任务更加艰巨。

（三）“衔接性”数字特征

从系统论角度看，规范空间所呈现的自创生性（自适应性）特点，能够在实现自身模型运行机制精准运行基础上，实现与外部空间的系统媾和，从而完成“通过自我调整来调整他者”的重要使命。这涉及多个空间的转变机制构建，也就是建立起法律规范行为可能性空间（规范空间）和现实行为可能性空间（现实空间）之间的转变机制。具体而言，规则制定者根据社会价值和公正秩序确立行为标准，对社会主体社会生活中的行为现实可能性空间进行划定。对其中符合社会整体正义的行为空间通过立法技术进行规范体系抽象，通过设定社会控制所使用的约束条件，界定出现实行为规范可能性空间。而规则的执行活动，将规范运用到现实社会关系的调整之中，完成“规范行为”场域和“现实行为”场域之间的转换，从而实现法的价值和目的。具体到党内监督制度等党内法规而言，与相关法律制度规定比较，监督对象更加广泛深入，监督程序更加具体细致，监督措施更加严格规范。特别是作为监督保障的手段，党的纪律约束要远远严于法律的标准，法律的制裁后果要严重于党的纪律处分。监督过程中，党的纪律不仅要约束党员行为，更要严肃规范党员的思想作风。因此，所有违反党内法规的行为，都是党内监督规范和调整的对象。其中一些严重的违纪违规行为，既违反了党规，也触犯了法律，这就需要处置过程中严格依据党规和法律规定处理。而对于一些违反党风的苗头性、倾向性问题，也要严格依据相关监督规定，给予严肃处置。因此，从规范空间角度思考党内监督与法律体系衔接所确立的应然性规范要求转化为实然性的现实秩序目标，需要一整套精巧的结构和复杂的机制。通过这些机制相互作用，现实社会关系和法律关系将耦合成为运行完备的调控系统。

三、“规范空间”模型构建数字化路径

与自然系统要素可量化和关系线性化特征不同，作为社会系统而言，组成要素非量化和运行非线性化是其基本特征。虽然卢曼等的法社会学研究为以系统方法解决复杂视域下规范空间问题提供了新的视角和思路，但没有从方法论角度给出明确的建议。正如哈贝马斯所言：“生活世界和系统这两个范式都很重要，问题在于如何把它们联系起来。”实现上述目标，首先需要规范空间通过自身内部的体系化和模型化，正确描述外部世界基本特征，通过规范化的结构来反映外部社会行为。通过运用建模等抽象化研究工具，对法治规范体系及法治运行复杂现实进行抽象，从而进一步深入把握各要素运行的本质联系。

（一）基于复杂系统性的数字模型构建

指标是评估的工具，是反映评估对象属性的指示标志；指标体系，则是根据评估目标和评估内容的要求，构建的一组相关指标，据以搜集评估对象的有关信息资料，能够综合反映评估对象的基本面貌、素质和水平。在指标的应用趋势中，主要有两种研究思路，一种是对原始数据的收集与处理，一种是对现有统计数据的分析与处理。在“大数据”技术产生之前，在技术哲学层面的思维范式往往还局限在基于小规模数据体量的线性分析领域。这种基于简单因果关系的思维模式，先通过数据统计形成一个假设，并构建一种模型结构，进而去验证假设的正确性。基于这种思维结果，对于纪检监察工作而言，传统监督行为的证据采集结果也是建立在小规模数据统计和分析模式基础之上的。也就是说，对党员领导干部违纪事实的认定必须遵循严格的线性关系逻辑，要求证据与事实之间具有引起与被引起的因果关系。这种模式，直接反映在监督信息化系统设计上就是采取“指标化”的量化模式，即

通过设置规模程度不尽相同的廉政风险点（指标体系），来比对真实情况的监督工作实际，从而达到对监督活动进行自动化分析的目标。

对于大数据分析工具而言，层次分析法是一种相对简便、灵活的多准则决策的数学建模方法。这种方法首先把问题进行分层，由总目标向下一级划分，这样就把复杂问题简单化，然后再利用模型化方法计算出每一层或每一项对总目标的影响程序。在这个过程中，由一级总指标分解成二级次级指标，再由次级指标分解成三级次级指标，将复杂证据群分解为单变量成分，把这些因素按照分组形成有序的递阶层次结构，通过比较方式确定层次中诸要素的相对重要性，然后综合分析判断，确定要素相对重要程度。具体到党内监督规范体系构建而言，从指标的涵盖性和针对性角度来考察，将现实中复杂交织的相关指标内容，转化为系统抽象和体系明晰的架构体系。通过对评价指标的定性设定，既能减少评价指标的数目，又能尽量不损失或少损失原指标所含信息；既能够对监督对象涵盖范围实现最大化处理，又能够最大限度保证廉政制度评价体系运行的实践效果。

在我国，对监督指标体系的研究和设计最早见于 20 世纪 90 年代。当时受到国外廉政建设测评体系的影响，国内一些专家学者开始探索运用量化方法，对腐败问题的产生进行分类处理，并引申出一套评价廉政建设效果的指标体系，进而产生了依据指标体系对腐败现象特点和规律进行量化研究的一系列成果。在学术界的推动下，各地基层纪检监察部门也开始编制本地域的廉政指标评价体系，例如在 1995 年，某直辖市纪委就研制了一套包括 11 个一级指标和 31 个二级指标的廉政建设指标体系。由于该指标体系操作难度较大，特别是没有信息化技术手段支撑等外部因素影响，这项在当时具有开创性的成果最终并没有被更加有效地运用于实践中。随着相关研究领域的不断拓展深化，进入 21 世纪后又陆续涌现出一大批基于廉政量化分析的指标体系，一般以客观评价体系、责任制考核指标、测评指标体系的形式进行制定和发布，进而建立了各具特色的廉政风险预警机制，并在实践中较好地发挥了监督预警功能。截至目前，根据相关公开信息的统计，累积共有 26 个省（区、市），约占83.9%的省（区、市）在工作文件、新闻、会议材料或领导人讲话中提及廉政评价指标体系的内容，有50余个廉政评价、警示、预防指标体系研究成果相继出现，其中绝大多数已经运用到监察工作实践之中。例如，江阴市于2013年发布《关于开展制度廉洁性评价工作实施方案》，在全市推开制度廉洁性评价工作，提出了“3+1”制度廉洁性评价体系。其中，“3”是指“制约合理”“监督有效”“执行规范”3个一级指标，每一个一级指标下面再设置二级指标，共计13个二级指标。“1”是指一个附加指标，即“制度适配”，主要评价制度是否与其他制度协调配套、形成体系。同年，江苏省淮安市确立“抓早抓小、预防在前”的工作理念，制定了《关于建立干部清正、政府清廉、政治清明指数评价体系推进廉洁淮安建设的意见》，施行“三清”指数评价。在“干部清正评价体系”中，设置了廉洁、公正、诚信、满意4个一级指标，并在下面设置13个二级指标和26个动态观测点。在“政府清廉评价体系”中，设置了廉洁、法治、服务、透明、满意5个一级指标，并在下面设置15个二级指标和27个动态观测点。在“政治清明评价体系”中，设置了党风政风清廉、依法民主决策、司法公平正义、权力阳光监督、社会和谐稳定5个一级指标，并在下面设置14个二级指标和31个动态观测点。

肯定性指标与否定性指标相结合：肯定性指标又称“正指标”，反映反腐倡廉建设的成绩和进步，统计数据越大说明成绩越显著；否定性指标又称“逆指标”，反映反腐倡廉建设中存在的问题和消极面，统计数据越小说明反腐倡廉建设越有成效。廉政评估指标体系大多数是肯定性指标，但有必要设置一定数量的否定性指标，从正反两方面综合评估反腐倡廉建设。但是，否定性指标的使用，应当注意改进和完善评估方法，保证否定性指标数据的真实可靠，这样才能准确、客观地评价反腐倡廉建设的成效。通过对公开资料的比较分析，可以看出这些廉政指标体系通过对排查出的各类情况进行科学、细致的汇总和分析，并通过实践中的不断摸索和尝试，围绕需要排查的各类廉政风险发生范围及具体的廉政风险点进行编制，依据不同的风险预警指标设置预警级别，基本实现了对廉政风险点的全过程、全方位监控，进而在纪检监察工作理念、机制制度和方式方法上进行理论和实践的创新发展。

2016 年 12 月，中央纪委办公厅印发的《纪检监察机关监督执纪“四种形态”统计指标体系（试行）》（以下简称《指标体系》），为统计和反映纪检监察机关运用监督执纪“四种形态”的情况提供了依据。“四种形态”贯穿着“惩前毖后、治病救人”的一贯方针，《指标体系》的设计充分体现了这一理念。本着科学性、可行性、系统性、循序渐进的原则，结合工作实际，共设置了 5 类 56 个统计指标。将谈话函询了结、“面对面”初步核实了结、诫勉谈话等 14 种“红脸出汗”的情形设置为第一种形态指标。将党内警告、党内严重警告、免职等 21 种纪律轻处分和组织调整措施设置为第二种形态指标。将撤销党内职务、留党察看、开除党籍等 12 种纪律重处分和重大职务调整措施设置为第三种形态指标。将纪检监察机关立案审查后移送司法机关等两种严重违纪涉嫌违法的情形设置为第四种形态指标。此外，为了从不同侧面反映实践“四种形态”的发展趋势和总体成效，在上述 49 个基础性指标之外，设置了 7 个辅助性指标，包括线索处置件数等 3 个先导性指标以及主动交代问题人数等 4 个效果性指标。《指标体系》规定了以问题线索为起点，以处理结果为统计依据的计算方法，即只统计纪检监察机关对有问题线索反映的党员干部开展监督执纪的情形，对没有问题线索反映的开展的一般性任职谈话、廉政谈话、警示教育以及民主生活会上开展的批评教育等不纳入统计范围，并以处理结果作为划分“四种形态”的依据。上述指标体系的形成和发布，首先客观、准确、及时地反映了实践“四种形态”的情况，各形态指标不重不漏，数据来源真实可靠，统计方法符合统计原理。同时，该指标体系从实际出发，统计对象清楚，统计主体明确，统计方法简便易行。当前主要统计纪检监察机关运用“四种形态”开展监督执纪的情况。在实践运用中，这些指标内容既设置基础性指标，反映运用各形态处理党员干部的数量，又设置辅助性指标，从不同侧面反映实践“四种形态”的发展趋势和总体成效。并且，在设计过程中该指标体系不断加强对“四种形态”统计指标体系的研究，随着实践的深入，逐步健全完善，从而为“监察要素”理论的形成和发展提供了重要的理论支撑。

（二）基于复杂算法的数字工具构想

作为简单系统构建和分析而言，AHP 法完全能够对系统进行模型处理。将复杂证据群分解为单变量成分，把这些因素按照分组形成有序的递阶层次结构，通过比较方式确定层次中诸要素的相对重要性，然后综合分析判断，确定要素相对重要程度的总规则。其核心思想在于通过将一个复杂问题“拆整为零”，划分为若干个局部，逐个解决每个局部问题，然后再“聚零为整”，将各个局部问题的答案拼合成原问题所求的答案。但与传统分析式思维方式不同，复杂系统性强调简单要素无法直接经过简单相加而成为一个功能复杂的整体，必须直接根据复杂系统的微观作用机制，通过元规则的选取和设定，设计算法和演化规则，来模拟复杂现象。这种自底向上的计算模型，体现了系统化、整体化的思维方式。近年来，学术界提出的“元胞自动机模型”成为模拟复杂系统和复杂性的有效工具，能够实现从整体上、从相互联系中考察客观事物，研究有关动态、复杂系统的特征。但目前以复杂系统为工具的“元胞计算机”算法模式还处于研究深化阶段，在社会科学领域的运用还需要进一步研究和深化，还需要从理论和现实衔接的角度进行进一步研究。

具体到党内监督规范体系构建而言，从指标的涵盖性和针对性角度来考察，将现实中复杂交织的相关指标内容，转化为系统抽象和体系明晰的架构体系。对评价指标进行定性设定，既能达到减少评价指标的数目，又尽量不损失或少损失原指标所含信息。从而运用这种方法，使得系统之间复杂性和非线性关系降维成简单性和线性可模型化体系，有效提升规范系统适应运行环境的能力。作为现实真实世界复杂性社会关系的抽象和映射，规则体系的形成带有鲜明的非量化色彩。党内监督法规制度是一个有机整体，上下衔接、左右协调、科学统一是创建党内监督法规制度的内在要求。因此从系统论角度看，探讨的重要对象是系统整体与要素之间，不同层次和结构功能之间相互联系的方式，以及系统与外部环境之间的相互关系问题。将上述思想运用到规范空间问题研究过程中，就是通过系统科学的方法，对规范要素构成、过程、关系等进行精准描述。从方法论角度，尽管社会生活中各种复杂现象和复杂系统形成的条件千差万别，但它们可以进行一定的抽象和模拟，以某种数学结构通过算法或规则来模拟、描述和表达计算。作为复杂的社会系统对象，其规范空间的模型构建与传统思维方式完全不同。

第六章　智慧监督证据规则构建

习近平总书记指出“世界处于百年未有之大变局”。以信息技术革命推动的社会数据化和网络化生存方式的深层次变革，成为这个大变局中的重要表现形式。经过多年的信息技术积累和数字产业化发展，以比特（Bit）为构成要素的“数据空间”业已形成，并以指数级的速度在不断延伸和拓展。在这个带有虚拟化特征的实在性空间，法律运行也具有了特殊的运动规律。其中，以物理形态存在的“数据”和以信息形态存在的“证据”之间的关联性最为紧密。现代证据法理论认为，证据的本质可以视作蕴含着证明证据事实的有效信息，而在数据空间中这种信息的外化载体就是数据本身。在理论层面对数据运算处理和证据法规范体系的衔接性进行深入研究，成为沟通数据“虚拟”空间与规范“现实”空间的桥梁和纽带。在这个过程中，以研究信息搜集规律为主要对象的经济学范式的引入，对于正确处理数据空间证据法的理论体系构建问题，提供了重要的方法论，并为引领思想认识和理论研究深化提供了重要视角和切入点。从研究方法论体系看，法律经济学从其诞生和发展的历时态上考察，是一种对法律的经济分析，其核心要义就是运用经济学的理论和方法对法律问题进行分析和探讨。随着研究的不断深化和发展，在法经济学研究体系中，微观经济学、福利经济学、公共选择理论等已经得到了广泛的运用。特别是随着基于实证主义和经验主义方法的引入和融合，基于宏观制度分析和微观信息研究法律制度的成果日渐丰盈，开拓了以经济分析的量化方法开展法学研究的崭新路径。1959 年著名经济学家马尔萨克（J.Marschak）发表了奠基性的著作《信息经济学家评论》，打下了以信息搜集、分析、运用为研究对象的信息经济学研究理论根基。而其理论的发轫，则源于香农（Shannon）于1948年提出的《信息论》。香农将信息视为一种用来消除随机不确定性的特殊物质性存在。正是基于信息科学和经济学理论范畴的相互渗透和融合，经过半个多世纪的发展演进，以信息为研究对象的信息经济学成了当前主流的研究范式之一。

随着信息技术的发展，数据空间的领域延伸已不再简单地停留在对人类社会浅层的影响层面。信息经济学发展不仅在本学科内得到了蓬勃发展，同时在相关学科领域得到了诸多应用。1999年，法律经济学家波斯纳（A. Posner）发表了著名的《证据法的经济分析》，开创了法律经济学研究证据法理论的先河，并在学术界引起了巨大震动。这部划时代意义的著作，将信息经济学理论的最新成果引入传统证据法研究视域中，对于深化证据法理论体系的构建具有一定的创新意蕴。特别是波斯纳先生在著作中将经济学基本原理运用于法学理论以及具体法律制度和规范运行的研究过程中，强调运用法经济学的研究方法——实现效率来诠释正义性的研究目的，提出了探讨如何实现基于经济学效率性分析基础上的法的价值性实现优化路径选择的理论命题，至今仍然具有重要的指导意义。但是面对陌生的贝叶斯、博弈论等经济学分析方法和数理模型的研究范式，诸多法学学者虽然感受到了运用经济学理论量化分析证据法的巨大魅力，但也感觉到学科研究方法革命的不适用。特别是波斯纳对证据法的经济分析，还是基于传统的成本收益分析的研究方法，更多的是对证据获取和运用的成本收益均衡性进行的分析。这种基于传统证据对象的分析范式，已经无法适应新的数据环境下数据空间新的发展趋势需要，亟待从方法论层面进行理论的深度思考和探寻。因此，面对数据空间理论的发展，对于证据法理论研究应当以新的视角进行解读，特别是将其他经济学研究工具引入其中，深化两者之间的学科融合度，从而推动法经济学在证据法理论研究中的实践运用。

一、数据空间证据属性的法经济学范式解读

现代证据法学理论认为，证据的本质是“由信息依附于存储载体而生

成，是内容（信息）和形式（载体）的结合体”。之所以现代证据理论采取“信息”的内涵界定，正是基于现代信息理论和实践发展带给人们的崭新观察视角与分析方法。在信息技术诞生之前，对于证据的存在形式和具体形态往往采取二元化的理论构建，即传统意义上的物证和书证，其物理载体与其中证据信息存在分离性的特征，这也是在传统证据理论中取证往往是一种“现实”物理性活动的原因。随着信息传播进入电子信息时代，证据的信息属性与存在的数据形式已完全融合为一体。在这个过程中，信息搜集、提取、运用的过程呈现出“虚拟”空间性特征，证据的取得和分析已经完全成了一种基于数据的运算活动。正是这种数据空间的特殊性，使得信息经济学研究范式引入证据法理论成了必然。作为信息经济学的另一位奠基人，斯蒂格勒（J.Stigler）的信息搜寻理论成了现代经济学发展的重要理论基础。斯蒂格勒认为，信息经济学处理的基本问题在于如何通过信息搜寻获得最优的信息集合，并对上述集合进行深层次结构化处理，进而整合形成信息系统，并以经济分析手段选择最优的搜索实现路径，以达到成本效益的均衡。上述思想对数据空间证据法理论研究具有重要价值，两者的深度结合首先必须明晰数据空间中证据的基本属性特征。

（一）数据空间证据的效度性特征

在数据空间中，数据规模的指数级扩大，使得数据与数据之间关系的复杂性和关联性匹配规模急剧扩张，同时也带来了以准确性为度量单位的数据效度迅速下降。在充斥着海量信息的噪声数据环境中，信息的价值低密度化特征异常凸显。对于这种复杂的数据环境，只有通过特定的技术和分析方法，才能实施有效的数据搜集和分析，进而实现对数据密度集聚化的要求。上述数据分析的过程，就是对数据空间中隐藏在大量无效数据中的有效信息进行提取，最终形成有效数据的信息集合。而这种信息的提取和提纯过程，提升了证据效度性标准，成为数据空间证据法的最重要特征。

而信息经济学的基本观点认为，信息虽然依托于数据而存在，但其本身同样是一种客观实在。从数据角度看，近乎无穷的信息并不具有典型的稀缺性特征。精确定位所需求的准确信息，再通过对关键信息的运用，减少决策和活动的不确定性，才是具有稀缺性和经济学研究对象性的重要资源，也是信息经济学研究的重要领域。因此，信息的搜寻过程本质上就是知识的生产过程，而信息搜寻成本必须带来可能的“沉没成本”。这是因为从时间和资源配置的角度来看，在无垠的浩瀚空间中，获取信息并分析有效信息都将面对高昂成本的挑战，如果预设的搜索路径出现偏差，将导致成本系统性积聚的出现。作为经济理性的决策者和实施者，在无效信息远大于有效信息的数据空间中进行证据搜集，在信息搜寻成本高昂而预期产品收益又不确定的情况下，最佳理性选择的路径在于只能是获取其中效度最高的部分信息，并对其他信息进行裁剪和舍弃。这种基于效度分析的理论范式，对于传统证据法研究而言是难以接受的。因为对于证据法而言，获取完备的证据信息是接近事实真相的唯一路径，放弃可能潜在关键证据，将面对非正义的价值质疑，可以说追求绝对的证据证明效力是信息革命时代之前证据法理论研究的圭臬。但是，在数据空间中这种基于忽略成本因素和经济分析的证据理论，对现实实践来讲是非理性的选择，只有在证据搜集过程中进行合理的放弃才是最优的路径。因此，基于经济学范式的数据空间的信息效度分析，在实施路径上首先要确定在预期条件下搜寻有效证据信息可能付出的成本，并从制度规范层面首先做出预判和规范，从而有效减少可能带来的沉没成本。

（二）数据空间证据的关联性特征

信息经济学理论认为，数据黏合度是用以衡量数据之间关联性的范畴。基于传统物理空间环境的经典证据理论认为，各个证据在证明过程和证据体系中是独立的要素和个体，而证据链条形成和构建是这些要素集合所形成的综合结果。但是，这种预设和规律在数据空间中已基本无法适用。这是因为从数据产生和运行的特征来看，有效信息的获取将不再依赖于对每个要素的分析，而是更加关注对要素之间关系分析之后得出的结论。换言之，数据要素自身所蕴含的信息量已经不足以支撑证据的证明力，只有大量数据要素相结合才是证据证明力的来源。这种以数据黏合度为标准的证据特征，成了数据空间证据取证规则的重要理论基础。

古典经济学研究虽然不以信息作为研究对象，但依然强调经济主体活动中对自身决策的依据判定等问题。在复杂的经济环境中，信息主要以连续信息、计算信息和累积信息的形式存在和发生作用。连续信息的作用过程，使得信息相互叠加，并最终完成信息的量的积聚。康芒斯（Commons）认为，在这种积累信息的反向搜集过程中，前期搜索决策对后续事件将具有重大的影响作用，因此特别强调信息处理演化过程中的“路径依赖性”，这也构成了演化经济学的基本研究思路。制度经济学则进一步明确指出，制度规范在信息搜索和发现过程中的重要引导性价值，特别强调了通过规则体系内在的系统联系性对外在信息对象进行规制和调整的意义。在这种引导作用的发挥过程中，以规则的外部性规范作用取代了盲目的搜寻所带来的“无秩序”性，从而有效提升了信息处理的效率，降低了信息处理成本。具体到证据法特征而言，数据空间中的证据搜寻，已不再是对孤立对象特征性的解读，而是在制度规范基础上的搜索路径，对数据之间的关联性进行分析和解读，通过对数据之间关系的深度挖掘，在数据集合基础上抽象出信息集合，从而获取数据背后隐含着的有效证据关系问题。

（三）数据空间证据的复杂性特征

从信息哲学本体论研究视域来看，数字空间的存在形式虽然呈现虚拟化和数字化的特点，但是这种空间并非是一种“虚空”，而是由物质属性的数字和符号化信息构成的混合态，是一种客观实在性的具体体现。在这个超越人类感官但又客观存在的现实空间里，数据规模巨量化、数据结构超限化、数据模型非线性化等特征，使得对数据的分析和处理已经远远超出人工认识和分析的能力范畴，呈现出复杂性的空间结构特点。面对海量数据的冲击，从信息技术层面去解决现实存在的问题已经成为必然的路径选择。但随之而来的问题是，这种完全以算法为支持的分析范式，为满足人类价值理念的要求，担忧陷入韦伯所提出的“技术理性”与“价值理性”的对立之中。如何解决上述价值冲突，成了当前法理学研究的热点问题。

现代博弈论理论，着重分析了经济信息系统的模糊性概念。认为对空间结构所形成的系统来讲，模糊性越小系统有效性越强，现实价值性越高。包含大量信息的系统的搜索成本将远高于包含有效信息量大的信息系统。但是，这种理想环境下的完全信息博弈必然无法满足数据空间下证据搜索的技术需要。而基于不完全信息的博弈分析路径，才是最优的路径选择。通过各要素之间复杂的关系判断，能够验证相关博弈过程决策的科学性和经济性，从而达到以将复杂博弈化约为简单博弈的目的，进而实现数据分析的高效性与经济性。因此，在传统证据体系理论研究中，证据的搜集和运用基于一种前提性的预设，即针对现实的法律关系依据法律规范和经验进行情景预设，通过搜集证据的过程进行证明或证伪。但是在数据空间，任何试图通过预设前提方式对证据的因果关系进行推理的方式，从数据运算复杂性角度看都是无法实现的。可以说基于“预设—分析”传统证据法范式已经无法满足数据规模指数级增长的现实空间需要。数据模式下证据的运用无法再通过简单要素之间的“一一映射”或是“一对多映射”模式进行分析，而是直接进入“多对多映射”的复杂结构空间进行数据分析。而从证据搜集的过程来看，对于每个数据要素而言，个体证据的真实性已不再是证据链条形成的必然前提。某一要素的正确性无论是否精确或真实对于复杂的数据空间而言已经处于决定性作用。有效证据空间必须在不完备博弈基础上，对可能搜寻到的信息资源综合判定，从而在这种分析过程中逐步从模糊走向清晰。

二、数据空间证据规则的法经济学范式构建

现代经济学研究认为，经济活动中人的行为过程首先是对信息的处理过程。也就是说，为了做出合理决策和选择，必须在多方博弈中了解更多的决策依据，进而形成可行的决策方案。然而，获取不同方案的有效信息所需要的资源和时间却是十分稀缺和昂贵的。理性的经济活动参与人不可能无止境地随机收集信息。必须在预期的边际成本等于边际预期效益的均衡点上做出选择。在数据空间中面对信息搜寻耗费的资源和成本，如果没有正确的搜索

路径，必然面对可能存在的风险挑战。而如何避免这种情况发生，最优选择是构建完备的证据规则体系，为证据获取提供有效的规范性空间约束，从而避免无效信息的系统性蔓延。

（一）涵摄性规则的经济学范式分析

涵摄，从逻辑学角度看是指将外延较窄的概念划归到外延较宽的概念之下，即内涵之间的包摄关系。涵摄在法学理论中主要用于描述“确定生活事实与法律规范之间关系的思维过程”。从证据法角度看案件事实的产生无法离开规范性要素的作用，是主体依据现有的法律概念、理念所做出的合乎秩序性的行为过程。因此，涵摄规则的前提在于法律规范的精确性和逻辑性。其作用机理的核心在于法律规范和惯例将案件建立在一个预设立场，通过可控和精确的证据搭建好案件规范空间与事实空间的衔接渠道。制度规范的经济学意义在于减少人类活动中因偶然性或盲目性带来的不必要成本，实现人在较为理想化的“无摩擦”环境中从事经济活动。而这种制度经济学分析范式的关键是形成各种具有协调功能的规则和规则集，以这些规则集结构规范和调整外部现实世界。制度作为一整套关于行为和事件可预见性的抽象规范体系，其作用在于通过内部规则体系来规范外部活动的秩序。现实中确保制度系统的相容性和严密性，确保制度运行的秩序性，是制度经济学研究的重要领域。

在数据空间的涵摄规则运用过程中，现实的法律以及其他规范体系，虽然无法对所有的具体案件都给出明确的适用规范，但已经给出可供绝大部分案件适用的规则空间。根据一定的制度性先验性信息“规范”，将信息搜索的不确定性降到最低的限度，从而实现在制度框架内对于信息经济性的最优化路径选择。因此，对证据涵摄性规则范式体系的构建，必须首先预设一种具有高度系统性的规则体系，只有首先消除内部制度空间可能存在的相互抵触的系统性风险，才能在规范外部活动过程中发挥规制和协调作用。通过对法律规范的要素化分解，实现了要素之间关系的数据对象的整合，从而确保在数据空间内证据搜索和挖掘过程的效率性和准确性。

（二）耦合性规则的经济学范式分析

数据空间的工具选择和应用的重要作用就是发现复杂数据集间客观存在的“耦合性”关系，从而更好地揭示出数据集合各要素之间表面上所呈现出的无规律性特点。传统证据理论认为，证据的适格性和证明效力的评价标准来源于证据与事实之间的契合度。在传统证据处理过程中，人类受到有限计算能力的束缚和制约，往往在非关键性信息的剥离与留存之间犹豫不决。面对可能存在的具有间接证明力的“隐性”数据证据价值性的取舍成了证据法学研究的重要理论问题。

信息经济学认为，信息搜集的过程就是如何是从大量不完全的、有噪声的、模糊的、随机的数据中，提取隐含在其中的相关证据信息的处理过程。证据搜索的序列性路径是基于规则空间与证据空间的耦合性判断。但是，传统经济学研究范式，在设定目标和实现手段之间，设想了一种理想化的信息采集路径作为研究预想和基础。但是，现代信息经济学研究范式特别强调将信息活动的运行，融入人类有限知识与方法论的语境之中进行分析，并对基于完备信息假设的传统经济学研究范式进行了批判。特别是从微观经济学量化分析方法中，得出在获取的证据越来越多、证据集合要素和机构日趋复杂的条件下，追加证据对于案件结果的直接影响是出现边际效用递减的重要结论。为了避免这种效用递减带来成本激增，必须构建完成具有引导作用的搜索序列。制度经济学认为，这种搜索序列的体系性构建呈现出一种从具体规则到一般准则的体系化层级特征，从而为搜索路径的形成和运行提供协调性的稳定机制。而在实践中，证据搜寻最佳路径的选择必须以最具证明力的证据为搜索起点，严格依据具有高度衔接性规则序列进行搜索序列的构建，并以此为运行指导，在证据的规范空间和信息空间之间进行耦合性分析，从而最终完成证据空间的系统建构。

（三）盖然性规则的经济学范式分析

证据法基本理论认为，事实认定是法律适用之基础，是构建法律事实空间的基本要素。因此证据法的价值不仅是追求真实，而且关系到法律制度整体价值目标实现。正如前文所述，客观真实和事实发现的准确性是证据法的基本价值追求，但必须要进行成本和收益的核算。因此，波斯纳在证据法的经济分析中，就是尝试运用信息经济学经典的搜寻模型和古典经济学成本最小化模型，对证据的取得、提出和认定过程进行了经济学视角下的深入分析和探讨。基于事实发现能力的有限性特点，对证据要素准确性和成本性之间进行有效平衡，并在效率性与正义性价值之间进行权衡。上述理论的提出，体现了经济学、数学等多学科方法对证据和证据法进行分析研究已经成为证据法学研究的新范式之一，并且在法经济学领域中占据着重要地位。

在这种分析过程中，证据规则体系中的“盖然性”成为证据法经济学分析范式的重要切入点。所谓盖然，究其本质就是一种基于概率性的解读范式，主要描述证明标准中对于证据认同的程度指标。信息经济学是在经济活动中，对信息资源的运用和配置，以及分析研究信息对经济活动影响的有效性的学科。在研究方法和视角上，主要是在不完全信息和非对称信息视域下，依据信息决策对行为主体进行模型化的研究。数据空间的证据效度性和关联性特征，决定了证据判断的高度盖然性的意义，这个过程体现了经济学研究从“完备信息”假设到“不完备信息”假设的视角转换。而在方法论的选择上，将统计学贝叶斯定理运用到盖然性理论，运用到证据法领域，构建起以概率分析为基础理论的证据法经济学研究范式，成了学科发展的热点问题，对于证据法研究领域而言具有划时代的意义。

三、数据空间证据模型的法经济学范式构建

与传统证据是由过去事实遗留在证据载体中的、仅凭自然人感官便能把握和体验到的痕迹不同，数据空间证据的取得往往依靠专业化的数据搜索模型和技术手段。数据空间的这种特殊属性，对于证据法理论的影响更集中地体现为一种思维方法和运行机制层面的深层次性。正是这种突破传统证据获取和判断的数据分析工具的出现，开启了学术界对以数据挖掘等新的证据学科学研究方法的重新审视。在分析对象选取、分析模型构建、运行机制系统

集成等各个方面，基于信息经济学研究范式的深化认知，进一步深化对以数据为中心的证据体系和逻辑范式解读，成为当前理论研究的重要研究方向。

(一) 证据关系层体系构建

信息经济学认为，证据搜集通常不可能事先进行完全预判，要等信息积累到一定程度后，才能基于现实的信息集合进行成本性和有效性判断。基于信息的价值不可能在获得它之前得到评估的判断，这种证据搜集活动的风险性是必须要思考的关键问题。对于降低这种证据搜寻成本的考量，必须在证据关系层体系的构建中，通过有效的数据挖掘技术，实现对碎片化信息的有效整合和聚集，进而逐渐形成一幅完整的证据“图谱”，从而达到证据要素获取效率性的目的。从计算信息学角度看，实体要素构成了基础的实体层，在此基础上通过算法的解析和运算，对实体数据之间逻辑关系进行系统性填充，这个过程在数据挖掘技术中被称为“实体对齐”。上述理论在数据空间的证据法研究中具有重要意义。这是因为作为证据而言，获取和量化案件信息不仅仅是对数据进行简单的汇总、罗列和比较，更加需要专业的处理技术，对数据的来源、科学性、逻辑性等方面进行判断和加工整理，挖掘出其中隐含在证据之间的关系性要素。从证据的搜集、分析和处理来看，证据算法的构建就是将证据所承载的数据作为实体，实现数据空间下证据信息与法律规范所设定的要素之间的耦合。这种耦合性的制度实现过程，就是在海量的数据空间中，从浩如烟海的数据中搜寻和定位具有有效性、关联性特征的证据材料，并得出可以作为判断或决策依据的结论的基础环节。因此，在证据搜集过程中，算法运算的本质就是实现实体性法律规范要素和现实性证据事实之间的数据关系的相互匹配。与规范要素这个实体“参照物”模糊性算法匹配，充分挖掘了数据与行为背后的关联性特征，从而彻底脱离传统人工进行关联性匹配的证据搜集模式，从而实现了证据法理论从“实体”优先向“关系”优先价值性判断的根本转变。

(二) 证据数据层标准转换

从古典经济学到现代经济学研究范式的转变，经历了从注重对主体的过程、结果式研究路径转向对普遍、抽象规则适用研究路径的转变；经历了从假定其他因素不变的理想化模型到宏观把握经济活动要素间相互关系的系统化模型研究范式的转变。在这个转变过程中，对于经济活动中行为主体搜集和掌握的信息作用机制，对于关键信息的搜集、传递、分析、处理研究成了现代信息经济学特别是博弈论的理论基础。而围绕行为人经济活动中的“可预见性”作用运行机制实现的问题，则成了包括信息经济学、制度经济学、组织经济学、行为经济学等诸多分支研究的主要对象。其中，共同知识理论是博弈论研究的一个基本问题。如果在博弈过程中信息能够成为共同知识属性，那么此时博弈过程是不完全信息条件下的信息和决策选择。在数据空间中，海量数据不仅刻画了主体行为的时空动态性，同时数据流在传输各环节所带来的“流转痕迹”蕴含着巨大的证据证明力价值。但是相较于传统数据，数据空间的数据结构和形式呈现多样化的特点，包括文本、多媒体等结构化和非结构化不同类型，如何把这些数据耦合为规范性的数据集合体，成为大数据空间体系证据法研究的重点内容。从数据空间的要素组成来看，构成的海量数据包括结构化和非结构化两种数据类型。其中结构化数据带有标准化、可识别和对象性等数据特征，由于它们本身具备结构，通过简单的配置解析后，即可轻易地把握关系模型中数据的证据信息。但是，现实生活中占全世界信息空间95%以上的都是非结构化数据，而数据空间下证据法运行的关键环节不仅要对简单结构化数据进行采集和分析，更为重要的是通过转化途径和技术手段，将占据绝大多数的非结构化数据转化为可供分析的数据形式，从而实现证据获得的效率性和有效性。

（三）证据模型层工具选择

正如前文所述，基于制度经济学研究的基本思路认为，在有限信息中进行决策制定，必须依赖于试错过程，这是数据蕴含信息的复杂性和不确定性所带来的必然结果。但是，为了减少这种试错性所带来的成本积聚，必须要通过制度的规范性来减少信息盲目搜索所带来的巨大成本负担。这就要求在证据搜索过程中，遵循模型化的发展理念，最大限度地通过预期的理性化路径，减少可能存在的无效行为。现代经济学理论发展路径，是以模型化技术手段为支撑，利用算法实现数据的采集、分析和整合的全过程。在传统经济学模型的抽象性基础上，增加与现实性的联系渠道和环节，并从宏观规范性的角度，对运行机制的作用机理进行系统动力学的研究，从而获得规律性的认知。而基于抽象数学模型在经济学中的运用，通过对现实对象的抽象刻画，进而实现对现实对象的信息进行提炼、分析、归纳，从而在更加规范和可预见的范围内实现经济学研究的重要价值追求。在模型的构建过程中，将文本性的数据量化为可供计算机系统识别和计算的数据种类，构成了任何系统实现“数据”结构化研究的基础和前提。因此，借鉴信息经济学模型方法，从业务规范中抽取系统组成要素，进而建立面向实际法律运行规律的数据信息采集需要的数据库，包括对要素的指标、目录、项目等构成元素进行模型化和算法化转化，成为保证数据采集和处理的规范性和效率性要求的基本路径。在证据模型的构建过程中，参照信息经济学的建模过程，对数据空间的证据模型进行必要的简化、抽象和模拟，并用适当的数学工具和符号化规则语言将其主要特征描述出来，是实现数据空间证据分析从定性到定量的思维转化的重要方式。

法经济学研究通过抽象性的体系和模型设定，将适用于外部无数重复性的具体情境抽象处理，即通过一种简化的认知工具，个体对世界的认知和活动具有了更加明确的可预见性和秩序性，进而有效减少世界的复杂性。这种通过制度规范将现实数据复杂性“降维”的过程，是信息经济学研究的重要工具和价值取向。目前，在证据法研究过程中使用的一些所谓的“数据”分析范式还没有突破传统信息技术理论视野窠臼，更多的还是停留于运用信息哲学的视角对证据空间的特征进行分析，并没有真正涉及复杂数据空间中证据的分析方法，也没有形成严谨的理论逻辑体系。借助经济学研究范式，从理论层面探索性地提出符合数据空间特点的证据运行规律和方法，期冀能够为数据空间的证据法研究提供一种可供参考的范式和思路。

第七章　智慧监督算法治理构建

社会治理的本质是实现抽象的社会规范体系逻辑性与社会运行体系现实性之间的耦合。在此过程中，按抽象的社会规范体系逻辑性的需求，理想化规范体系从建构的初始阶段就强调对社会现实运行活动的一种纯粹、内在一致性的逻辑构建，是以一种规范的理性逻辑实现对社会现实的调整和规制。同时，这种具有逻辑理性的治理规范体系根植于现实真实世界，在调整机制上则与现实空间具有高度关联性，同样呈现出高度的独立运行特征。随着信息技术的发展和大数据时代的来临，以数据比特形态表征的治理对象形态和治理环境的改变，必然对原有的治理模式和手段提出新的挑战。对于庞大而复杂的以数据为对象的信息空间而言，现有治理方法所适应的是在信息空间有限数据输入和小规模数据量环境。伴随着现代社会的复杂化，社会行为产生的数据规模将呈现出指数级增长，由于目前分析工具还主要针对传统的结构化数据展开，亟须研究和发展符合大数据时代特点的治理模式。此时如果依然固守传统治理模式的架构和运行规则，必然带来治理能力的下降和治理危机的出现。在此背景下，算法治理模式和理论应运而生。所谓算法是对程序化运算或自动运算方法的统称。而算法治理，则是通过科学有效的模型、函数等模型化的决策手段实现对数据对象的有效分析和规制，即以现有的编码知识进行有效联系和高效调整，从而构建完成符合信息社会发展特征的结构体系完备、要素结构高效运转的治理模式结构。

一、理论溯源：以信息空间为论域的算法治理模式分析

在信息化技术时代，以计算机软硬件代码为基本的运行逻辑单元，以及

在信息空间中能够对网络技术和行为形成有效规范作用的形式是代码。随着信息技术对监督理论研究影响的不断深化，有学者提出基于传统意义上行为调整规范的法律条文，必须通过代码的转换才能在信息空间中有效发挥作用，从而形成法律“代码化”思想。这种区别于传统法学研究和思维的“技术化”路径，对于法哲学研究而言不亚于一场影响学科发展方向的思维革命。可是，如果从代码法律化的视角看待信息空间法学研究，将必然面对高度抽象的数字化运行模式与高度具体化的现实行为模式之间的矛盾。这不仅关系到互联网时代信息化、数字化所带来的技术规则与纪检监察工作相融合的路径，更关系到不同规则之间在信息空间的特殊治理方式问题。

从本质上看，信息技术发展为现代社会所带来的建构性影响，并不简单地是一种技术层面的介入，更深刻地体现为基于一种新范式体系的构建。在这种范式体系中，空间范畴和空间化逻辑主导着后现代社会，就如同时间主导着现代主义世界一样。因此，以空间分析方法对传统研究对象进行分析和处理，应当首先为空间结构与研究对象的结合寻求切实可行的基点或接口，再分析空间系统内部各要素的功能发挥、系统内部各要素组合结构协调配合、系统与环境之间相互作用与影响机理。而从历时态层面分析，空间形态转换也经历了“原始的统一（存在于原始口头的文化）、分裂化（在书写和印刷中）及重新统一（在电子媒介中）”的发展阶段。在这种体系演进过程中，以算法为治理模式的范式构建，关键就是要以空间分析为方法体系，探索构建系统要素、内部结构、功能衔接为特征的范式体系，进而探索以整体性、协同性、关联性为特征的算法治理模式的运行规律，从而构建完善属于数学、技术的范畴，而且毫无疑问，属于空间逻辑的范畴。

（一）算法治理模式的空间对象

空间是以凝结人类活动关系为内容的各实体要素的抽象整体，是承载各种物和关系的抽象体系架构。现实的世界是由自然界、物质、人际交往关系等组成，而信息空间体系则是以抽象符号体系对现实事物的状态、性质、联系的一种反映，是从各种真实实体中抽离产生的信息重组后的结构体系，是一种新的实体性存在。作为信息空间发展的高阶，以计算机和网络技术所带来的信息空间体系，是以数据对象的编码和分析为空间要素的基本对象。随着计算机和网络技术的发展，信息空间的形态迅速被数据化和代码化，此时“数据作为约束性的供应者，使得信息成了数据 + 问题的模式”。在这种以数据为要素的空间体系中，抽象符号形态所组成的逻辑体系源自人们对现实世界表达的深刻认知，是以数据为载体和以数字为形态对现实事物的模拟，从而形成建立在抽象意义上的表征性逻辑体系。随着调整对象的空间体系变迁，面对这种高于现实性和实体性的治理对象，需要全新的社会治理模式予以应对。此时，算法作为数据处理对象就成了衔接信息空间与现实空间的重要桥梁和纽带。这是因为，从算法本身的特征来看，不仅可以被理解为一个规范语句和规范诠释的文本，而且是一套基于调整现实社会关系的行动规则，已成为我们用来塑造世界、生活，甚至文化的强有力工具。基于信息空间的算法构建，不仅在形态上是处理数据对象的基本方式，而且是调整数据要素间结构关系的重要架构；不仅是以数据为技术手段对现实社会关系数字化的精确描述，更是以虚拟关系的形式对现实实体的超越和扬弃。从哲学层面分析，上述过程“从关系出发而不是从主体出发建构阐释意义，注重强调关联的多样性和意义的复杂性”，其重要意义在于通过电子信息技术手段的运用，充分揭示和把握蕴含于现实事物运行行为背后的各种可能性，从而做出更加科学的社会治理方案的选择。因此，算法空间正是通过这种空间要素体系，实现对规则要素的描述及其等级性的探寻，并借由代码结构运行实现对外部环境的调整。

（二）算法治理模式的空间体系

作为人类制度符号的重要内容，无论是传统基于文本信息的调整规范，还是以统计数字为依据的治理方法，所突出的均是一种“人类构造秩序的符号体系”形态，即作为一种纯粹的逻辑抽象的符号性规范体系的存在。换言之，“隐藏在结构网格下的世界，抑或隐藏在世界中的结构网络同源衍生转向了联合”。从治理的本质看，无论是以语言为符号载体的文牍主义，还是以统计模型为工具的行为主义，其根本逻辑都是将预期的形成的规范体系适用于治理对象的行为调整。正是因为现代社会系统具有抽象化的趋势，体现出摆脱具体场域的实体性限制，以抽象化机制来诠释社会系统，从而形成了一种新的治理方式。在这个过程中，治理的运行都呈现出以抽象的规范体系投射与规制现实行为空间结构的基本特征。即作为一种解释过程，将符号化规则空间所构建出以预期社会目标为依据对现实行为进行的规制。而在数据化时代，算法同样呈现出相类似的逻辑结构形态。算法规则建构是在现实社会关系的总体逻辑判读的基础上，以数据的形态对真实社会行为进行抽象。此时算法不仅仅是规范本身或者规范的简单集合，更是通过代码的形式将文本和符号规则降维到现实空间的过程和事实，从而形成规范逻辑空间和现实空间的关联耦合。此时，"只有可用数字表示的和可精确计量的方面才能把握真实，能够帮助我们进入数学空间，为现实空间增添了超越其实效性的真实性"。换言之，作为算法的规则行为只是改变了社会治理的形式，并未改变本质过程。只是与其他符号化逻辑体系相比，这种符号体系中逻辑的运行表现出更加抽象化和技术化的特征。

（三）算法治理模式的空间形态

算法将行为对象的外部行为范式转换成机器能够解读的数据体系，从而构建起以数据为对象的治理模式。从运行过程来看，算法空间运行过程，是通过建立起算法运行与外部行为调整之间的关联，将一定的算法逻辑框架作为分析数据的依据。从大量的数据关系中抽取相关对象作为实体，建立实体与要素之间的联系，形成高度抽象化和数字化的逻辑架构体系。在这种体系结构中，通过算法"不是简单地将从前仅仅由人类掌握的技能或能力编码到机器中"，而是以一种"抽象的数学语言精确解释无限复杂的世界，用不同的数据集将它实例化"，从而实现数据的关联和聚合，增强对数据分析处理的能力。这种形式化的逻辑处理方式和数字化的计算实现途径的有机结合，对现实社会行为进行了全新的范式性解读。在不同层次规范体系的规范调整过程中，算法治理形成的逻辑运行规则的"算法空间"，通过对代码所形成的数据“映射体”进行调整运算，间接地对外部真实行为进行调整。达到了通过规范体系预设的行为架构来构建和引导现实的社会秩序，通过纯粹的符号化的体系运行进行“降维”，实现事实空间和秩序解构的目的。正是基于上述原理，为适应社会复杂性的持续增长，运用算法治理手段的自我运作，需要不断增强算法结构体系的复杂性。只有不断增强算法自身的高度复杂性，才能积极应对现实社会环境变化带来的数据要素的复杂性特征变化。而算法运行过程也正是通过其自身形态与结构的自洽性调整，以增强其内部复杂性，实现对社会复杂性规制的目的。

二、体系构建：以数据处理为核心的算法治理架构分析

从上文的理论分析可以看出，以算法为工具形态的信息化技术手段的运用使得两个运行闭合空间系在要素体系和结构形态上形成耦合，通过外部环境的信息生产模式调整自己的运行方向和内在模式。这种结构耦合使得两者之间实现空间关联，并在这种负反馈的运行机制中进一步实现了调整机制的构建。那么，这种理论体系在现实中调整和规制社会关系，不仅体现在体系架构的设计与实现层面，更重要的是关系到算法治理模式对现实应用的有效性。

（一）算法系统的要素表征性

算法空间作为现实行为创制出的一种基于信息化载体而存在的逻辑结构空间，能够在现实社会行为与社会规范体系之间起到转换器的作用。其原理在于算法系统是代码化的要素形态，在一定程度上“超越”了社会现实环境的具体化环境限制，从而成为以数据为调整对象的具有相对独立的治理运行体系。“代码 code 源自拉丁语 codex，其含义是规则体系。”正如信息哲学所认为的，以代码为对象的编码活动，其作用在于通过区分和综合，通过有效减少认知系统进行编码所需的信息数量，实现信息处理的效率与功能。在此过程中，信息要素能够实现对现实主体行为的有效调整和规划，从而达到建构性的目标，此时，信息要素必然构成其中的中间媒介。算法通过二进制

结构对社会行为进行编码的法律行为网络，形成了具有等级效力的秩序结构体系。而在此过程中，算法本身的编码过程即对外部行为信息的搜集、接收和使用的过程就是对外界环境的种种偶然性进行调节的过程。在“这一编码和解码过程中，我们所关心的是真实世界和数学表示之间建立起一种建模关系”，即这种信息化路径分析和转换在某种程度上充分展示了算法治理手段和算法规制秩序的特征。因此，算法编码的过程就是对数据表征实体的信息内容处理的过程，数据表征的实体化、具体化以及实证化，便于形成编码对象。而数据编码的过程就是对实体数据和信息的再编辑过程。编码的抽象程度越高，越要求对现象的因果关系有着更深层的洞察和理解，在更高的维度可以发现符号逻辑和语言无法形式化和清晰表达的隐含逻辑，从而达到对现实行为进行调整和规范的目的。

（二）算法系统的结构耦合性

现代社会治理理论认为，社会系统结构的基本运行机制在于通过符号代码的沟通，实现代码基础上的结构性和过程性。从本质上理解，算法空间将环境内化为内部运行的结构，通过这种结构耦合性关系实现规范体系与社会系统的耦合，在这种信息要素的耦合与交换中实现对治理对象的行为的调整和规范。因此，以算法为工具实现对现实空间的调整的处理，是以抽象的逻辑性对现实空间结构性的一种描述和分析。“每个事物不断向他物内部扩张以建立事物之间的内在联系，并在内在联系中生成和表达自身。”在技术层面体现为网络要素相互交织和耦合的规则体系，是规范空间与现实空间之间具有自关联属性的符号体系。具体而言，算法自身运行在一个闭合网络化的自治系统中，通过结构耦合性关系进行作用。因此，“数据库通过操纵不同信息单位之间的关系构建着个体”，即通过内在生产的信息影响外部世界的内在模式，调整自身的运动方向。这种耦合性的核心在于算法体系的规范系统通过自身的逻辑体系严密性来重构其自身运动规律，并将外在性的社会运行系统按照算法体系自身关联性规则构成一种运行过程，再按照自身规则运行与外部社会环境之间实现互动，从而实现数字代码空间与现实空间的耦合。虽然从调整对象上看，算法空间体系在系统构成层面是闭合形态，但在运行机制层面呈现出与外部世界关联开放的形态，以作为一种逻辑空间体系有效面对来自社会环境的诸种复杂性的回应。换言之，通过算法空间内部的结构系统“规范性的闭合”达到对外部环境“认知上的开放”调整的目的。因此，也正是在算法自身空间性与外部环境的相互耦合作用过程中和社会系统的运作中，表现出稳定性和适应性特征。

（三）算法系统的运行自创性

算法空间的基本运行原理就是通过规范的执行，将抽象的形式化的规则体系运用到调整现实的社会行为活动中去，从而实现以实体性规范手段来调整社会关系的目的。但无论是传统社会调整方式还是算法调整工具，社会现实环境的多样性与复杂性决定了社会规范的调整绝非线性与简单的研判与推理，而作为社会行为调整对象的事实，需要通过规范体系的研判与确认，将普遍、抽象的规范体系与具体个案事实结合起来分析、整理。算法系统的自创性，就取决于抽象治理规则概念体系对所反映规范内容的描述规范性程度，通过规范体系与社会现实之间的耦合实现系统性和规范性的调整目标，即“各种组成部分之间的内部关系具有一种抽象的规约性”。因此，所谓自创性是指，在系统运行的结构体系形态中，不仅在于基于要素的重新排序，更是在此过程中提取形成新的系统要素，在一种闭合系统及其交互的结构耦合中实现自治的机制进化发展。自创性系统研究视域中，强调系统运行在相互作用和互动性基础上内在地生成一种自治性秩序。作为自创性系统的核心，算法强调规则运行在一个闭合网络化的自治系统中，并通过结构耦合性关系实现自我关联，其结构被众多的网络要素耦合关系相互作用。因此，“正是通过内部结构的相互作用，信息才能在复杂的同化和异化过程中分解组合成新的形式”。此时通过自组织的运动，算法空间在社会行为、规范、过程互动性基础上内在地生成一种自治性秩序。算法空间体系只能够根据由这规范自身所规定的相关性标准而有选择地“吸纳”复杂的生活世界，并在此基础上以自身的逻辑规则调整现实社会的无序部分。

三、以代码为核心的算法治理作用机理

从方法论角度看，“数学是一种研究思想事物（对现实的摹写）的抽象的科学”。尽管社会生活中的各种复杂现象和复杂系统形成的条件千差万别，但它们可以通过一定的抽象和模拟，以某种数学结构通过算法或规则加以模拟、描述、表达和计算。正如马克思深刻地指出“越来越远离物体，而自以为越来越接近，以至于深入物体，因而整个世界都淹没在抽象世界之中，即淹没在逻辑范畴的世界之中，这又有什么奇怪的呢?”自然界和社会生活中各种复杂现象和复杂系统形成的具体条件是千差万别的，但它们都可以某种数学结构计算。具体到算法助力而言，其外部表现形态是通过计算机代码运算研究算法最优化路径选择问题，不仅要实现计算的函数，更为重要的是发现其中的运行规律。而作为复杂的社会系统对象，规范空间的模型构建与传统思维方式完全不同，通过建模等抽象化研究工具的运用，对法治规范体系及社会运行复杂现实进行抽象，从而进一步深入把握各要素运行之间的本质联系。

（一）算法治理的“模型化”路径

计算机代码运算的本质就是研究算法最优化路径选择问题，不仅是要实现计算的函数，更为重要的是发现其中的运行规律。但从技术层面看，算法的规范形式只有用严密的数字化或代码化语言才能在计算机系统中发挥调整作用。但与此同时，因为现实社会规则具有模糊性和灵活性，我们很难将社会规则体系直接转化为数字代码形式，即机器可以理解的“编程”语言。这种转换过程如果不把文本解构成为复杂的二进制代码，在技术层面就无法真正实现法律的代码化进程。进而无法通过更为严密的计算机分析工具，实现规范调整的严谨性，从而在高维度上实现对现实社会关系的调整和规制的目的。与自然系统要素可量化和关系线性化特征不同，作为社会系统而言，算法空间所调整对象的要素非量化和运行非线性化是其基本特征。从现实行为体系中抽取系统组成要素，进而建立面向实际社会运行规律的数据规范体

系，并对要素的指标、目录、项目等构成元素进行模型化和算法化转化，是保证对数据采集和处理的规范性和效率性要求的基础和前提。对于上述问题的解决，关键需要适用模型化分析方法，在数学对象和现实对象之间“通过数计、度量、几何关系和秩序形态等把数学观念和自然界的事实联系起来……的数学抽象境域”。通过模型化规则的设定，以规范化的技术语言设计算法和演化规则实现对现实复杂社会现代的模拟。因此，模型的主要用途是提供一种框架，将所观察结构作为整体过程的组成部分进行理解。对给定的对象进行数学建模，构建“一个解释的构造系统结构模型……从而产生了一个概念的谱系，其中每一个概念都有一定的位置”。此时模型的构建不仅是对真实世界情形的一种符号表示，而且是从本质上将原型事物运行规律的本质属性和基本特征作为形式化的符号关系表达出来。通过这种转换路径，社会行为的外在表现形式不仅是以某种符号化的形态对社会关系存在的模拟和表达，而且是将社会关系的调整和规范转换到对社会模型关系的调整和操作模式上来。此时，算法治理的本质不单是“看作是根据一组规则的运算，一个纯粹的数学过程，属于符号对象及其相互关系的世界”，更重要的是通过模型化的分析方法，将传统治理行为中无法直接测量的属性纳入模型体系，根据不同变量间抽象程度和属性进行多层次的分析，从而进一步提高治理模式的科学化水平。

（二）算法治理的“还原化”路径

从前文分析可以看出，任何事物所表现出的信息结构和状态都是其自身历史发展和现实环境作用的现实存在性体现，是两种空间结构之间的相互叠加和相互作用，有效增强了信息表征的准确度。因此，虽然计算机科学的基础是二进制和逻辑电路，但是在形式化逻辑基础上可以产生不同层次的抽象性，能够在这种逻辑信息中实现现实社会的数字空间的模拟构筑。换言之，“通过数字化编码的信息进行的监督，会因为使用数据库所使用的语言而构成了新的主体”。从被规制对象的数据空间与规范体系的规则空间耦合性的维度看，这涉及多个空间的转变机制构建，也就是说建立起规范行为体系结构空间和现实行为可能性行为空间之间的转变机制。算法空间通过自身内部的体系化和模型化，正确描述外部世界基本特征，并以规范化的结构来反映外部社会行为。此时编码的抽象程度越高，对现象的因果关系的分析和判断将有着更为深刻的理解，通过编码和抽象可以去掉更多通过语言描述所无法清除的无效干扰数据，可以在更高的维度可以发现符号逻辑和语言无法形式化和清晰表达的隐含逻辑。但任何系统的维系和稳定性，均源于内部结构多层级和复杂信息运行结构的网络架构与外部环境之间所形成复杂的适应性过程。当外部环境内化为算法结构调整对象后，外部环境的复杂性被映射到算法代码体系的内部空间之间，通过规范系统空间要素的简单性运行即算法的运行过程，将自身系统的规范性特征反馈“投射”到外部空间，从而能够有效调整社会关系。从运行机理看，“空间的重组就始终是社会权力通过其得以表现的框架的重组”。上述过程中社会信息来源作为一个“模糊”集合，通过算法“代码”集合的治理，使得原本“模糊”的数据逐步清晰化、体系化，并经过数据整合达到对调整对象行为精准调控的目的。也正是通过构建“精密”的运行机制，原型模型设计和具体计算机软件环境实现了对输入系统信息的有效处理，从而实现“数字政府是新时代电子政务建设的新目标”，进而达到以信息技术手段进行社会治理的目的。

（三）算法治理的“价值化”路径

目前，对于算法治理学术界最为关注的焦点是如何从价值分析角度，回答基于因技术进步带来的算法中的伦理问题。特别是如何避免出现算法黑箱所带来的社会公正性问题，“明确算法应用的安全边界和构建全球算法治理机制等是实现对算法有效治理的基本进路”成为学术界关注的热点。唯物辩证法认为，任何客观事物的内容总存在着一定的内部结构形式和外部表现形式。虽然算法的本质是一种技术形式，但这种技术形式的运行最终只有实现真正的规范价值回归，才能最终达到内容与形式的统一。作为一种规范体系，算法并不能够直接去调整现实的社会利益关系和行为模式，而是通过算法制定者将理想化的社会运行模式进行规范化和系统化，从而抽象形成各种代码化的制度体系和范畴。换言之，算法空间本身不仅具有静态的、内在的结构性，而且具有动态的、外在的实践性。算法的价值特征，就隐藏在算法代码静态组织形式和形态的运行机制背后，支配着具体代码运行的价值取向，这是算法治理所关注的核心问题。算法作为一个具有复杂要素和结构层次体系的物质形态，对其进行的价值判断过程就是对这个层层包裹的“组合体”剥茧抽丝的分析过程。而算法代码体系的逻辑完整性也必然是价值体系架构特征的重要体现。这是因为从形式上看，算法通过抽象将各种具体关联进行“离散化”的处理，从而通过合法性和非法性的判断，形成完整的逻辑体系。而从本质上理解，算法的实现过程中蕴含着多元主体对正当性需求的必要性，是对普遍存在社会价值的预设规则。此时，现实社会价值性因素被代入算法的编写过程中，根据社会价值和公正秩序确立行为标准，是对社会主体行为现实可能性空间进行划定。可以说其本身围绕规则和制度实现其价值性取向，对其中符合社会整体正义的行为空间通过算法的转换进行规范体系抽象，进而通过设立社会控制所使用的约束条件，界定出现实行为规范可能性空间。正是通过上述转换路径，在这种工具理性和价值理性的相互作用中，算法呈现出规范性与价值性的有机辩证统一。

第八章　智慧监督体系建设构想

在信息技术迅速发展背景下，信息技术与各行业的深度融合，科技、商业、教育、医疗、智能交通、智慧环保、智能家居、智慧城市建设等社会生活的各个领域，无时无刻不在产生大量数据。这些开放、流动的数据，成为人们观察社会行为的“显微镜”，为研究者直接提供了更加全面、真实的研究资料，捕捉了以往难以获取的关系和知识。因此，推进“互联网＋纪检监察”工作的制度创新，其根本的实现途径是将技术创新和制度创新有机地结合起来，实现监督模式从传统的监督向科学监督、全面监督转变，从而构建一个信息公开、事前预防、事中监控、事后问责的全程同步监察系统和体系。对权力运行进行各个环节的全时、全程监督，领导干部的权力行使到哪里，严格的党内监督和纪检监察就延伸跟进到哪里。面对网络技术和数据信息技术给纪检工作带来的新情况、新趋势、新变化，纪检监察部门在信息化系统实现过程中要进一步开拓视野，不能以僵化的思维和落后的手段对待信息化带给新时代纪检监察工作的新挑战，要善于将传统手段与现代科技相结合，将信息技术、通信技术和网络技术等科技手段有机融入党风廉政建设和反腐败工作实践之中。智慧监督建设过程中，也将面临一些困难，同时也有一些优势，借助这些优势可以拓宽智慧监督的实现途径。

一、智慧监督的建设思路

习近平总书记指出，领导干部要“提高战略思维、历史思维、辩证思维、创新思维、法治思维、底线思维能力，善于从纷繁复杂的矛盾中把握规律，不断积累经验、增长才干”。推动新时代纪检监察工作高质量发展是一项复杂的系统工程，必须深入探寻其中蕴含的普遍规律和阶段性特点，不断增强工作的预见性、主动性、创造性。智慧监督是纪检监察工作高质量发展的重要内容，是实现精准监督、日常监督常态化的关键举措，是“三不”一体推进融合发展的有力抓手。开展调查研究中发现，摸清不同地区、不同层级存在的突出问题和阶段性特征，以服务政治监督为统领，用信息化手段和大数据技术发现问题，特别要深入查找制约高质量发展的主要矛盾和深层次问题，找准成因，分类施策、对症下药、有的放矢，提出有效管用的办法，处理好内部监督与外部监督的关系，处理好整体监督与局部监督的关系，处理好立体监督与平面监督的关系，处理好“三不”一体推进机制与智慧监督底层逻辑关系等。

（一）构建智慧监督的政治思维

习近平总书记指出，纪检监察机关要带头加强党的政治建设，坚定维护党中央权威和党的团结统一，围绕现代化建设大局发挥监督保障执行、促进完善发展作用，知责于心、担责于身、履责于行。要坚守政治机关定位，把政治建设摆在更加突出的位置，带头旗帜鲜明讲政治，带头提高政治判断力、政治领悟力、政治执行力，提高把握新发展阶段、贯彻新发展理念、构建新发展格局的政治能力。

坚持政治监督的鲜明导向，提升政治监督的实际效果，着力解决对监督不重视、监督能力不够的问题，更加聚焦党中央关注、人民群众关心的突出问题，创新监督机制，将党中央重大决策部署、习近平总书记重要指示批示精神落实情况、省委重大决策部署、《“十四五”规划》重点任务作为监督信息的贯通融合机制重要内容，以政治监督为统领，强化日常监督和对权力运行的制约监督，提高监督的科学化、精准化和规范化水平。建立大数据监督平台，数据以省直部门的业务数据为主，关注点主要是“事”，包括项目、资金等，主要从以下三个方面突破：一是体现政治性，聚焦对中央、省委重大决策部署落实情况的监督；二是体现及时性，打造对各级各部门权力运行过程、结果的一体化“旁站式”监督；三是体现权威性，突出问题导向，提高发现及处理问题的能力等。

大数据监督平台，既服务监督，又服务审查调查，注重发现问题，为监督工作提供问题线索，为审查调查提供科技支撑和方向性的意见建议，推动案件查办由经验驱动方式向经验与数据双驱动方式转变。把促进治理体系完善、发现问题作为关键功能，探索构建各类模型，通过发现问题，推动避免问题，将大数据监督植入主体部门权力运行体系中，努力构建发现制度漏洞体系。把监督保障工作抓到底、抓到位，着眼于政治监督、日常监督和权力运行的制约监督，既注重专项治理，又关注总体工作，运用各种数据分析比对模型，以问题为导向，贯通行业投诉热线、“四项监督”及审计监督、统计监督等多方面数据，形成监督合力。以发现问题为突破口，强化“不能”，督促主责部门落实主体责任，优化权力运行体制机制，推动形成治理体系健全和治理能力提升的监督闭环。

（二）构建智慧监督的法治思维

强化法治思维，自觉践行习近平法治思想，带头尊纪尊法、学纪学法、守纪守法、用纪用法，牢固树立法治意识、程序意识、证据意识，坚持运用法治思维和法治方式履行职责。严格执行《中国共产党纪律检查机关监督执纪工作规则》《监察机关监督执法工作规定》，依规建立健全制度规范，细化纪法双施双守配套制度，自觉践行依规依纪依法原则。在实践工作中要不断规范数据治理，以法治思维谋划数据目录的标准化建立，通过制定数据采集目录清单，注重信息资源按需接入，以批量交换、动态采集、服务接口等多种方式汇聚各省直部门和省直企业的权力运行数据。立足具体案件领域发现问题，建立、量化数据指标体系，建立制度，明确划定数据接入范围、信息资源使用边界，通过比对发现异常指标，获取问题线索。建立完善的监督领域数据提取机制，利用现有数据进行分析研判，规划、建构一条综合性强、在诸多环节发挥作用且相互配套的数据链条，整合涉及财务、金融、公安、房产、国土等跨部门、跨领域、跨地区的数据，进一步打通多部门数据壁垒，实现多部门数据标准化。

（三）构建智慧监督的系统思维

监督贯通融合机制的构建必须强化系统思维、把握科学方法、落实实践要求，以系统施治、标本兼治的理念正风肃纪反腐，不断开创全面从严治党、党风廉政建设和反腐败工作新局面。推动新时代纪检监察工作高质量发展是一项复杂的系统工程，必须做实以案促改、以案促治；必须要深入探寻其中蕴含的普遍规律和阶段性特点，不断增强工作的预见性、主动性、创造性；必须要坚持系统施治、标本兼治的“一盘棋”理念；必须要注重发挥组织作用、系统优势，增强工作整体性、协调性，加强省、市、县纪委监委上下联动，推动机关、派驻、巡视左右衔接，在互联互通中乘势借力，在整合力量中推进实施，形成正风肃纪反腐强大合力。构建智慧监督必须要拓宽视野，坚持系统思维，在创新建立大数据监督实验室方面，联合有实力高校合作建设大数据实验室成果研究转化基地，高校负责提供实验室所需的研究场所、仪器设备，并遴选政治上可靠、熟悉纪检监察业务的信息化人才组建技术团队，形成研究成果本地转化推广的合作模式，打造全国顶尖的大数据监督“智库”。做好新时代派驻监督工作，必须注重强化系统观念，在大局观上把握协同性，在统筹推进上强调辩证贯通，加强前瞻性思考、全局性谋划、战略性布局、整体性推进，放大监督的立体叠加效应。在党内的“四项监督”中，派驻监督在监督链条中处于上下联动、左右贯通的重要位置，必须要注重把过程精准和结果高质量统一起来，坚持严的主基调，坚持稳中求进、坚定稳妥，精准把握职责定位和精准执纪执法，实事求是、注重实效，综合发挥惩治震慑、惩戒挽救、教育警醒的功效，以党风廉政建设永远在路上、反腐败斗争永远在路上的坚韧，不断实现不敢腐、不能腐、不想腐一体推进战略目标，实现政治效果、纪法效果、社会效果相统一。

（四）构建智慧监督的创新思维

科技创新的核心是推动科学技术的现代化。现代化的科学技术不仅是单纯侧重研发投入，更强调高质量的协同创新、自主创新和产业化创新。《“十四五”规划》指出要“坚持创新在我国现代化建设全局中的核心地位，把科技自立自强作为国家发展的战略支撑”，将人工智能、量子信息、集成电路等前沿领域纳入国家重大科技项目体系。强化创新思维，打破迷信经验、本本和权威的惯性思维，破除因循守旧、思想僵化、形式主义和无所作为，因时而变、顺势而为，积极探索、大胆实践，与时俱进推动纪检监察工作理念思路、体制机制、方式方法的变革和创新。建设智慧监督贯通融合机制，就是要在对各类监督的主体要素体系、客体要素体系、程序要素体系、要素系统优化等方面进行全面分析的基础上，整合纪检监察内部监督数据，引入行政审批、发展改革、财政、审计、统计等外部监督数据，建立常态化数据交换工作机制，运用信息化手段特别是大数据技术将各类监督数据贯通融合，形成规范、有序、衔接、协同、创新的运行机制，着重从技术新、模型准、数据全、促治理、智能化等方面推动融合机制建设。推动各项监督统筹衔接、贯通融合，有效实现监督全覆盖，使监督体系融入国家治理体系，推动制度优势更好转化为治理效能。强化对权力运行的有效监督，必须有创新思维，如山西省数字政府基础数据平台按照数字政府规划“五个一”的要求建设，已经形成大平台共享、大数据慧治、大系统共治的顶层架构，横向厅局全覆盖，纵向省市一体化管理，促进数字经济发展。基于数字政府规划“五个一”的要求，打造山西省纪委监委的大数据监督技术底座，建设“一库两中心三平台 N 系统”的山西省大数据监督平台。“一库”是指大数据库，主要依托省政务云建设，加密保存省直部门汇聚的各类型数据。“两中心”是指内外网两个数据中心：内网数据中心用于存储外网导入的关键数据及纪检监察内部数据，并按照分级保护要求做好安全防护；在云时代公司建设专属云平台作为外网数据中心，用于存储外部数据并按照相应保护等级实施安全防护。“三平台”分别为数据分析及预警平台、展示平台及移动指挥平台。数据分析及预警平台供委领导、各监督检查部门人员使用，平台可实时推送预警信息，并提供各类分析方法及数据模型供用户自主分析比对发现问题。展示平台供技术部门使用，可实时展示各省直部门数据接入及数据交换等总体情况。移动指挥平台基于手机、平板等移动端建设，采用 5G 网络构建加密隧道传输，供委领导实时了解总体情况及处理问题。“N 系统”是指基于数据模型的一系列专项治理或监督系统，用以监测国家及省级数据交换平台内人口库、法人库、信用信息库、行政处罚等数据，12345（政务服务便民热线）、12369（环境保护热线）、12315（消费者投诉举报热线）、12331（食品药品投诉举报热线）、12365（质量技术监督热线）等行业投诉热线数据，“全省领导干部廉政档案活页册系统”及查询平台内非敏感性数据等，后续可随时扩展。

创新发挥业务部门需求主导和信息化部门技术牵引作用，把监督贯通融合机制打造成贯通业务全流程的监督业务主要抓手，横向到边贯通派驻各厅局纪检监察组和各高校、国有企业纪委，纵向到底贯通省、市、县纪委监委机关，聚焦监督对象、监督单位，按需提供党内监督、党外监督相关事件、报告、信息等；以监督对象、监督单位之间的管理归属关系推送疑似问题转办、整体情况统计研判信息，为监督工作提供科技支撑，实现信息技术与监督业务的深度融合。如：伊犁州纪委监委探索建立“1+4+14+N”监督工作机制，通过整合监督资源、统筹监督力量、细化监督流程、丰富监督手段等方式，在创新开展监督上下足绣花功夫，推动各部门在开展日常监督工作中信息共享、协作配合、成果互用，有效提升监督执纪质效。

（五）构建智慧监督的发展思维

习近平总书记在十九届中央纪委五次全会上强调，要以党内监督为主导，不断完善权力监督制度和执纪执法体系。我们认为，解决途径就是要切实增强法制意识、程序意识，要坚持理论结合实际，以逆向思维实化核心要素体系，提高法制化水平，不断深化党内监督的要素体系，构建起核心要素体系库。现实中，各地各部门情况各异，涉及的可能触发相关监督规范的情形多样，需要在纪检监察要素的提取过程中，对实体原型进行必要的简化抽象，并用适当的规则将其主要特征标注出来，通过监督要素和行为对象之间量化数据关系的相互关联性匹配，实现对监督行为信息化处理的目的。智慧监督核心要素体系的建成将为发现问题提供相关法律法规依据，提高监督工作规范化、法制化水平。

十九届中央纪委五次全会提出，要自觉践行“两个维护”，以强有力的政治监督保障《“十四五”规划》顺利实施。围绕贯彻新发展理念、构建新发展格局、推动高质量发展、深化供给侧结构性改革、提高人民生活品质、守住安全发展底线等重大决策，围绕巩固拓展疫情防控和经济社会发展成果，强化国家战略科技力量，增强产业链供应链自主可控能力，坚持扩大内需战略基点等重点任务，围绕解决好“三农”问题、加快农业农村现代化等部署要求，加强监督检查，督促落实落地。推进纪检监察工作理念、思路、制度、机制创新，深入实践探索服务保障现代化建设的有效举措，大力推进清廉建设，营造风清气正的政治生态和良好发展环境。加强对贯彻落实习近平总书记重要指示批示精神和党中央重大决策部署情况的监督检查，加强对贯彻落实十九届中央纪委五次全会精神情况的监督检查，健全贯彻党中央重大决策部署督察问责机制，推动解决好党中央重大决策部署贯彻落实“最初一公里”问题，确保新发展理念得以贯彻、新发展格局得以构建、高质量发展得以推动，确保党中央政令畅通、令行禁止。纪检监察机关要深刻领悟习近平总书记关于“全面从严治党首先要从政治上看”的战略考量，牢牢把握旗帜鲜明讲政治的根本要求，围绕现代化建设大局发挥监督保障执行、促进完善发展作用，把坚定政治方向、保持政治定力实化细化为正风肃纪反腐的具体举措，当好能够发现问题的“探头”。

智慧监督建设要有发展思维，要分步推进，以实在成效推动平台持续发挥作用，做好总体构架的同时，设定阶段性目标，分步骤推进建设。一是以省行政审批局、省国资委、各市县重要领域为试点，在招投标、国企监督、群众身边腐败、补助款项发放等方面接入行业投诉热线和审计、统计等部门业务数据及政务云内现有数据到大数据监督平台，试点运用大数据开展监督的方式方法，建立数据模型，比对查找问题，推动整改到位。推动主责部门建设行权行为监管平台并内嵌监督模块。如：针对省应急管理厅应急管理信息化建设滞后问题，督促其建设应急管理平台并内嵌监督模块，将关键预警信息推送至大数据监督平台；针对省行政审批局审批事项存在体外循环问题，要求其与其他部门数据对接，完善现有信息化平台，加入监督模块并将预警信息推送至大数据监督平台；取得经验后在省直各部门推广。二是推动民生资金、污染防治、重大风险防控等方面的10—15个有关省直部门完善业务系统，进一步提高数据比对发现问题的能力。扩大市、县平台应用试点范围，在2—3个市域范围内实现平台的广泛应用。三是基本建成覆盖全省各级的大数据监督平台。运用大数据等技术推动主责部门履责及治理体系改善取得了明显成效。为加快工作开展，将各地各部门落实《×省政务信息化项目建设应用管理办法》《×省大数据发展应用促进条例》及数字政府建设要求等情况纳入重点监督范围，督促各地各部门加快数据共享交换步伐，为大数据监督平台提供更多数据资源。

（六）构建智慧监督的辩证思维

强化辩证思维，明辨现象和本质、形式和内容、偶然和必然，把握事物发展的必然规律，抓住主要矛盾和矛盾的主要方面，在重大斗争考验面前“不畏浮云遮望眼”，在纷繁复杂事务中“十个手指弹钢琴”，确保各项工作统筹协调有序推进。一体推进“三不”，坚持系统施治、标本兼治的“一盘棋”理念，必须准确把握“惩、治、防”辩证统一关系，把严惩、治理与预防结合起来谋划，贯通起来推进；必须深刻认识腐败的政治危害和保持反腐败高压态势的政治意义，增强一体推进的政治自觉和思想自觉；必须坚持严惩腐败与严密制度、严格要求、严肃教育紧密结合，做实以案促改、以案促治；必须处理好治标和治本的关系，将正风肃纪反腐与深化改革、完善制度、促进治理贯通起来，不断提高治理效能。一体推进“三不”，体现了内因和外因、自律和他律辩证关系原理。不敢腐是前提，指的是纪律、法治、威慑，体现的是组织的主导和治理，解决的是腐败成本问题。只有严厉惩治，一旦腐败就会付出惨重代价，甚至身败名裂、倾家荡产，使其后悔莫及，才能让意欲腐败者不敢越雷池半步，为“不能”“不想”创造条件。不能腐是关键，指的是制度、监督、约束，解决的是腐败机会问题，同样属于组织主导和他律的范畴。严密细致的监督是真正的关心保护，是组织如家长般对干部的信任；虚情假意的监督是一种放任，甚至在等着落井下石。科学严谨的制度是一种威慑，使人望而却步；漏洞百出的制度是一种诱惑，使人趋而营私。只有强化监督制约、扎紧制度笼子，做到天网恢恢疏而不漏、伸手必被捉，才能让胆敢腐败者无机可乘，巩固“不敢”“不想”的成果。不想腐是根本，指的是认知、觉悟、文化，解决的是腐败动机问题，属于自我约束。只有修身养性、提高觉悟，树立廉荣贪耻的价值取向，从灵魂深处鄙视拿原则做交易的行为，才能从思想源头上消除贪腐之念，真正筑牢堤坝、抵住诱惑，实现“不敢”“不能”的升华。“三不”相辅相成，任何一方面滞后，都会影响反腐败整体进程和综合效果，必须一体推进、同向发力，实现稳中有进、效应叠加。

（七）构建智慧监督的底线思维

强化底线思维，时刻保持如履薄冰的谨慎、一叶知秋的敏锐，坚守政治高线、固守责任防线、严守安全底线。安全保密始终是信息化工作的生命线，不断强化网络建设和管理，在严格落实涉密信息系统分级保护和网络安全等级 2.0 标准保护要求的前提下，建设安全保密防护体系，强化管理责任，推动外网承载非涉密重要应用，技术上实现对网络窃取、网络攻击、非法访问、拖库行为的防范预警。同步推进数据安全、数据保密工作，内部控制上实现对越权查询、越位查询、擅自查询等违规查询行为的快速发现和阻断，实现有效防范盗窃、篡改、泄露信息等行为，确保系统运行安全和数据使用安全。在完善技术防护的基础上，强化信息安全综合防护，提高整体安全能力，健全整体保障体系；牢固树立“堡垒最容易从内部攻破”的意识，强化内部管理和内控机制建设，加强对外来人员的管理，强化对合作企业和人员的安全教育和保密管理，积极探索建设运维监督制衡机制，坚决杜绝“斯诺登式”泄密事件的发生；定期开展安全保密检查，完善态势感知、监测预警、风险评估、应急处置，在网络安全前提下推动纪检监察工作高质量发展。

智慧监督主要是建设大数据监督平台，将大数据监督平台的软硬件需求纳入全省纪检监察大数据中心建设方案中，筑牢根本，为信息化长远发展打好坚实基础，并采用省级集约化、全省共享使用的方式，整合完善现有的数据库服务器、应用服务器和数据存储等基础设施，建成与中央纪委国家监委对接的一体化平台。基于硬件层面超融合架构，底层软件层面支持虚拟化兼容容器技术，数据接口层面兼容各类接口，应用层面支撑各类公共技术服务的基础平台，形成支撑纪检监察业务系统存储、计算、分析的大数据中心。调整优化纪检监察内网网络结构，坚持“电子政务内网 +VPN（虚拟专用网络)”模式安全稳妥拓展网络。按照中央纪委国家监委技术方案，启动纪检监察外网建设试点工作，坚持集约化模式，依托山西省政务云建设外网数据中心，推进构建四通八达的纪检监察网络，夯实省纪检监察信息化工作的基础。建设坚强的运维保障体系，以平台建设为契机，强化全省纪检监察内外网络管控，严格按照涉密网络分级保护及重要应用系统等级保护标准开展网络安全防护；调整优化网络结构，部署态势感知系统；打造高水平网络安全运维保障队伍，有效保证大数据监督平台安全畅通稳定运行。

（八）构建智慧监督的科学方法

深入学习体悟辩证唯物主义、历史唯物主义方法论，紧扣十九届中央纪委五次全会新部署、新要求，把科学的思想方法、工作方法、领导方法贯通运用到具体实践，是推进纪检监察工作高质量发展的关键所在。坚持“三不”一体推进，既是反腐败斗争的基本方针，也是新时代全面从严治党的重要方略，更是深化标本兼治的具体方法；坚持一体谋划实施，积极探索贯通融合的实现途径、有效载体、具体办法，形成叠加效应，提升治理腐败效能；坚持改革创新，不断提高纪检监察工作的理论思维、战略谋划、精准落实水平，以稳促进、以进固稳、行稳致远；坚持事实为上、证据为王，精准发现问题、精准把握政策、精准做出处置；坚持发挥组织作用和系统优势，增强工作整体性、协调性，在互联互通中乘势借力、在整合力量中推进实施，形成正风肃纪反腐的强大合力；坚持边学习、边调研、边工作、边总结；坚持眼睛向下、心系群众，深入基层、问计于民，准确把握基层情况和民情民意，研究经济社会发展进程中正风肃纪反腐面临的新挑战、新要求，注重理论成果转化运用，及时总结经验规律，不断提高工作成效。

二、聚焦智慧监督的建设重点

智慧监督平台建设关键在于要从业务规范中抽取纪检监察系统组成要素，在实现监察要素定义和计算逻辑体系数字化基础上，形成可行性的规则运行机制，进一步拓展和深化，设计开发出基于数据搜集、管理、监测和评估为一体的智慧监督系统，针对易发多发消极腐败现象的关键环节和重点领域，设置信息化、规范化的防范系统，对搜集到的信息资源进行汇总、综合、分析和反馈，通过设置精确的数值表现和预警指标，进一步增强纪检监察工作的科学性、前瞻性和预警性。

（一）规范化建设信息系统

目前各地的纪检监察系统研发已初步实现网络办案、办公自动化。以推动无纸化办案、办公建设为目标，加大对统一的网络化、系统化的系统建设投入，尽量加快全国统一的互联网办案平台建设进程，实现数据结构和数据内容的标准统一，实现业务流程便捷化、公开化、标准化、规范化管理。以完整的资料基础为前提，以信息扁平化为目标，以信息管理理念和技术为手段，体现信息技术的过程控制和时效优势，实现对纪检监察业务的流程管理和分析监控。同时，健全制度建设、业务监督、信访举报、案件线索管理、纪律审查、民主监督和廉政宣教体系，完善权威发布、网络监督、宣传教育、互动交流，对内提升了纪检监察机关的工作效能，对外为公众提供了更便捷、更畅通的民主监督和诉求表达渠道，为进一步实现加强大数据条件下纪检监察信息化建设的目标奠定技术基础。

每一个系统都有一套自己的变量命名规则，同时还有一套符合自己研发习惯的标准规范。在规范中要对开发中的接口、变量和函数名有明确的规定，同时在进行研发时要遵循面向对象的开发原则，给系统留下开放的接口。在实践中，积极探索完善现有OA系统功能，拓展信息化技术手段在纪检监察办案过程中的辅助决策功能。建设覆盖全国纪检监察系统的信息平台，建立情况明、数字准、可监控的数据库。重大项目重点案件管理信息、干部廉政档案信息以及党风廉政信息等数据均可进入系统，进而对这些数据进行整合、关联、分析，从而为将来的发展做出准确预测，为高层的决策提供建议，发挥反腐倡廉智库作用。依托电子监察量化测评体系做到事前预防、事中监督、事后监察，将执纪监督环节渗透到管理的全过程。这就要求在技术层面，实现审计机关所有相关部门的相关职能，各模块之间无缝连接。“平台+组件”的模块化设计方式，统一了接口标准，具有一定的扩展能力，并确保了数据的准确性和一致性。例如，在实践中已有部分基层纪检监察机构探索出将监察对象基本信息数据库（个人基本情况、组织关系等信息）、监察对象权力运行信息数据库（如审计、网络舆情、公车使用、财政资金使用等信息）、社会活动信息数据库（劳动、社保、税务等信息）、家庭生活信息数据库（出行记录、不动产登记、通信等信息）等内容实现数字化管理，确保办案人员对办案对象监察信息的全程跟踪、实时监控，一旦发生触犯实现设置的廉政自律准则阈值的情况，系统就会及时预警，实现了办案辅助功能的重要作用。

（二）有效整合技术力量

“成功分析的关键不是工具和技术本身，使用这些工具和技术的人才是取得成功的核心要素。”大数据给人们提供了丰富的信息资源，而从事纪律审查和监督的部分干部的年龄、学历、知识结构等因素，导致自身素质和技能不能适应大数据时代的需要，整体人才建设仍不能满足大数据反腐需求。这可以说已经成为制约纪检监察工作大数据效用发挥的关键环节，不仅对我国大数据人才的培养提出了挑战，更对纪检监察机关的大数据人才选拔、建设提出了新的更高的要求。在实践中培养专业化的人才队伍将是纪检监察机构运用大数据创新纪检监察工作过程中不容忽视的重要环节。进行学科建设规划，吸引更多的人才投身于大数据反腐败分析技术研究，促进反腐败研究成果转化，特别是建设一支具备互联网思维和大数据技术能力的专职纪检监察干部队伍，培养并提高其在大数据中加强监督和纪律审查的能力。在具体模型构建和系统实现过程中，需要一大批懂管理、运用大数据的理论工作者与从事行政实践工作者及科技工作者的密切配合，同时也需要不同领域、不同部门、不同地区纪检监察机关的协调推进。因此，培养具有现代化管理意识、管理能力的纪检监察干部，才能更有效地管控、提升运用大数据开展执纪审查和监督建设的成效。

（三）研发监督应用平台

在远期战略规划层面，进一步突出大数据分析在纪检监察工作中的重要作用。反腐败的重要前提在于准确判断总体形势，清晰认知腐败的表象与本质，而所有这些，都有有赖于客观、全面、准确的数据。大数据的数据挖掘技术和分析方法应用于传统的纪检监察统计中，将大大提高纪检监察数据服务于决策、服务于社会的能力。传统的纪检监察工作中，专门机关人员大多凭借主观能力、主观经验，往往只能收集看起来和案件有明显因果关系的线索、证据，而大数据方法则能够从海量看似和案件无关的数据中挖掘相关信息，并用作案件侦破的线索。例如实务中所流行的手机数据挖掘、话单数据挖掘方法。在对海量的手机数据、通信数据进行数据挖掘后，则能够发现当事人的行踪轨迹、人际关系，通话规律、购物规律等大量有价值的信息。这些信息看似和案件事实没有因果关系，但经进一步分析能够为案件查办提供线索、情报。在系统实现过程中，首先要打破信息孤岛效应，加强信息交流与共享，构建更为丰富的大数据监察数据库，为大数据反腐败的发展奠定数据基础。通过数据平台整理，监察对象的出行记录、银行卡和信用卡消费记录等都会在监察中心全程留痕。同时，通过在监察中心抓取信息，包括其通话记录、聊天记录、消费记录等，就能还原涉案人员活动轨迹，并从中挖出腐败问题线索。“监察中心的建成，可以对公职人员廉政信息快速定位、精准查找和定期分析，实时对接公职人员廉政档案，为领导干部分色预警提供精准、快捷的信息支撑。”又如，进一步构建完善的网络舆情监督系统，畅通短信、网站、微信公众号等信访举报渠道，健全网络舆情收集、处置、预警机制，并借助信访信息管理系统推行信访件办理痕迹化管理，实现对重点信访件的实时督办，助力信访工作提速增效。在此基础之上，要重点关注实现互融互通、共建共享具体途径。以大数据理念整合各个举报受理平台，同时应用信息化手段实现网站、微博、微信公众号等新媒体接受在线举报的互联互通，实现群众举报问题的主动分类和自动移交，为群众打造方便、安全、便捷的信访举报渠道。

在建设监督应用平台的同时，还应加强建设纪检监察综合办公平台、纪检监察综合业务平台、纪检监察大数据分析研判平台和专项治理管理及监督平台。纪检监察综合办公平台服务于日常办公，实现委机关公文、信息、文件等线上办理，包含协同办公系统、公文交换系统、业务数据服务总线、应用支撑平台。纪检监察综合业务平台，服务于纪检监察业务，严格按照《中国共产党纪律检查机关监督执纪工作规则》《监察机关监督执法工作规定》所规定的权限、规则和工作流程开发，实现纪检监察业务工作的网上全流程办理，在平台上能完成从线索接收处置、拟办呈批、初核、谈话函询、立案到审理结束后制发处分决定等全部工作，并形成电子卷宗及相关报告文书，实现业务工作网上运转、审批环节网上签批、文书报告网上签章、电子卷宗网上生成等。纪检监察大数据分析研判平台，主要有智慧检索、人物档案、调查协作、全息图谱、话单账单分析工具等智能化分析功能模块，服务于办案工作，能实现海量数据智能分析比对及有价值数据的直观展示。专项治理管理及监督平台，服务于专项工作监督，包括推动各市建设了“阳光扶贫”监管系统，对接公安、民政、住建、税务、人社等单位，定期自动比对身份、住房、车辆、纳税、社保等信息，将各部门各渠道扶贫资金归入平台管理，闭环管理扶贫项目库，设置全程履责纪实功能，实现项目的精准监管和责任的精准落实。污染防治综合监管平台，将污染线索全面纳入，实现线索处置的在线跟踪，推动污染防治力量的有效整合。系统在全过程内嵌了纪委监委的“再监督”模块，通过深入研究，建立三级报警模型，可自动精准发现问题并报警。另外，江苏省纪委监委还推动责任部门开发了地方政府隐性债务综合监管系统，自主建设了落实全面从严治党“两个责任”信息平台等，均取得了良好效果。

（四）做好关键技术突破

为实现上述智慧监督建设目标，探索社会监督模型算法是关键环节和核心突破口，从本质上理解，信息化的过程就是运用信息化技术手段对现实模拟对象和信息进行提炼、分析、归纳量化。具体到纪检监察理论而言，构建符合其基本运行特点和规律的数学模型是实现技术手段解释特定现象、现实特征，进一步预测对象未来发展趋势，并针对性地提出最优决策思路的理论基础。因此，对于新时代监察工作的信息化建设而言，构建完善相关系统的数学化模型，将文本性的数据量化为可供计算机系统识别和计算的数据种类和结构，成为监督模型从理论到工程实现的重要途径，从而达到对监察对象进行计算机系统自动处理的目的。在大数据背景下，对于这种复杂的社会模型体系，传统的以离散数学分析为基础的系统动力学模型往往会出现较大的系统偏差。这是因为，以简单特征为对象的传统系统分析方法，采取的是“分解—还原”的分析方法，即对系统要素进行分解，并分析各要素之间相互关系，以此为基础进行多次迭代，用以模拟现实系统运行情况。这种监督模型运行过程中，对党员领导干部违纪行为认定必须严格地遵循因果逻辑关系，要求监察证据与事实之间具有引起与被引起的线性关系。但是，在现实中对于监察系统这种复杂社会系统而言，要素组成和关系的复杂程度无法允许这种从离散到连续的迭代运算误差，否则所得出的系统运算结果很有可能产生巨大的偏离，迫切需要适用于大数据时代的新数据模型和算法体系。智慧监督系统算法设计的关键，就是要通过在要素之间设定相应的模型结构与演化规则的逻辑算法，实现要素自主自适应组织结构，产生要素关系集合，进而达到系统组织自生成从而逼近现实复杂系统的目的。这种算法不仅在静态上适应了监察模型的复杂性特征，而且在动态层面能够解决大数据环境下新的监察要素不断涌现的问题，从而形成对现实监督行为最优化的模型处理结构。

(五) 规划监督平台方案

技术方案是建设智慧监督的基础保障，工作思路概括起来就是组建团队、对标经验、制订方案。一是组建团队。与国内著名的科研单位、高等院校、互联网企业合作，邀请信息化领域的院士、行业专家组建国家级研发团队，对工程建设方案和技术方案进一步修改优化完善。建立沟通、讨论机制，定期召开专家组会议，对工程进展进行分析、总结、研究。二是对标经验。针对信息化底子薄的问题，在智慧监督工程建设中，不能把眼光局限在当前本省信息化发展的水平，要放眼看信息化，跳出纪检监察系统看信息化，向先进省份和先进系统学习借鉴。三是制订方案。在工程实施过程中邀请专家、评审机构对各监督领域建设及技术方案进行论证，成熟一个推进一个。按照实用、管用、好用的原则，在省纪委监委智慧监督工程整体方案的框架下，充分考虑各市、县工作实际，拿出切实可行、快见成效、适度超前的方案。

平台建设是建设智慧监督的重要内容，工作思路概括起来是技术新、模型准、数据全、促治理、智能化、抓廉洁。一是技术新。以网络化、智能化为重点，使用5G、微服务、超融合、云计算、人工智能等技术，推动工程建设，实现技术领先。二是模型准。问题找得准不准、实不实，关键要看模型构建得好不好。在参考先进地区做法的基础上，要结合工作实际，运用规则分析法、数据叠加分析法、数据碰撞分析法、痕迹分析法、关系图谱分析法等分析方法，构建功能强大、精准分析、科学研判的工作分析模型。三是数据全。数据是重要的生产要素，也是权力运行的产物。构建模型，需要大量真实有效、精准完整的数据，因此数据采集工作，是做实智慧监督的关键一环。同时也要高度重视数据安全，深入研究获取数据的依据及应用范围，严防数据滥用。四是促治理。坚持“监督的再监督”的职责定位，以政治监督为统领，以问题为导向，依托各单位自有的业务系统，用大数据监督技术来破解监督难题，推动各单位履职尽责，督促其优化权力运行机制体制，完善各自业务系统，切实履行全面从严治党主体责任，从源头上遏制腐败问题的发生，做到“不能”。五是智能化。注重应用语音分析、文字识别、机器学习等智能手段，通过技术的更新、模型的迭代，实现智能化发展，使监督工程真正“智慧”。六是抓廉洁。要坚持过“紧日子”，软硬件设施能利旧的全部利旧，能依托政务云的就不重复建设，坚决杜绝资金浪费。聘请专业单位全程审计，开展警示教育，严守底线，坚决做到人员安全、工程安全，打造廉洁推进信息化建设的样板。

（六）提升监督效果是目标

提升监督效果是建设“智慧监督”平台的主要目标，工作思路概括起来就是要坚持“三个必须”的原则，即必须坚持政治监督的工作定位，贯彻落实“三不”一体推进，聚集重点领域，紧盯关键少数，加强不能腐制度建设和监督机制改革，不断提升治理腐败的效能，全面构建覆盖全省的智慧监督网；必须坚持发现和解决问题的工作方向，务求实效，不断提高规范化、法制化水平，全面提高监督保障执行、促进完善发展能力；必须坚持开放发展的工作思维，与时俱进，持续改进优化平台功能，形成运行顺畅、权威高效的智慧监督体制机制。着重从以下三个方面推动监督效果达到最优。一是形成各方监督合力。党的十九大报告强调“把党内监督同国家机关监督、民主监督、司法监督、群众监督、舆论监督贯通起来，增强监督合力”。在智慧监督工程建设中，坚持以政治监督为统领，制定问题标准，推进纪律监督、监察监督、派驻监督、巡视巡察监督衔接贯通，强化日常监督和对权力运行的制约监督，注重用信息化手段建设严密的法治监督体系，贯通各类监督，形成监督合力，促进各类监督高效衔接。二是提高发现能力。平台建成后能否发挥功效，要拿数据说话。发现多少问题、查出多少漏洞、完善多少系统，都要有实实在在的数字。要以发现问题为导向，加强数据治理，建立一套完善的指标体系，多长时间抽取数据、抽取多少数据、发现多少问题，都要有指标去衡量，实现模型定量化、科学化、标准化、精细化。三是建立体系工程。省级层面建设要与转型综改示范区和市、县试点建设相结合。通过试点任务的推广，逐步形成纵向贯通省、市、县三级纪检监察机关，横向覆盖各职能部门的智慧监督网。

三、增强智慧监督的普适性

智慧监督的普适性是以数据为对象实现监督贯通融合，是以算法为手段实现监督保障执行、促进完善发展，是以模型为方式实现“三不”一体推进机制，是使监督体系更好融入国家治理体系，释放更大治理效能。具体表现在以下几个方面：

（一）智慧监督数据模型的普适性

纪检监察信息化建设往往采取的是“自上而下”的体系，即通过对现有监督规范进行数据化建模，实现监督系统与现实数据之间的一对一映射关系，从而达到监督过程和流程的自动化，实现监督活动的信息化管理和规范运行。从信息化技术发展的代际关系来看，大数据时代与之前数据时代发展的最大区别在于信息数量和规模的指数级增长，呈现出规模数量“巨大”、种类体系“庞大”、复杂程度“极大”的特点，这种“大”的数据特征使新的时代发展给纪检监察制度提出崭新理念和挑战。基于这些背景，以数据为核心构建“自下而上”的纪检监察体系模型成为大数据时代的必然选择。这种以数据挖掘技术为基础的纪检监察平台，不以事先预设的要素关联和制度假设为研判前提，而是通过数据挖掘技术找到现实监察工作中的信息数据关系，并自主建立新的监督关系，通过与监督规范之间的差异性比对，达到纪检监察工作流程信息化的目的。如建立的同行共现模型应用在政法系统、金融领域、国有企业等多个系统和领域，如影随形模型应用在金融领域、国有企业、政府部门等多个系统和领域，时空异常模型和极端偏离模型应用在“四风”、八项规定检查、财务审计等领域，频繁“变脸”模型应用在司法领域、工程领域等。通过在不同领域构建不同的模型，也充分发挥了构建模型在实践中的作用，从而体现了数据模型的威力，从全局的角度来看，这些模型应用在一个领域或者几个领域，没有达到真正的数据模型普适性的效果，故研究数据模型的普适性需求更加迫切。

（二）智慧监督审查调查的普适性

在审查调查工作过程中，按照中央纪委国家监委信息中心关于山西省智慧监督平台试点工作加强电子数据调查工作的要求，坚持监督与办案前后台打通的理念，建设贯通监督和审查调查的一体化，实现监督审查调查资源共享、数据互联互通，为审查调查工作提供全方位查询、分析及辅助研判服务，逐步形成在一体化融合平台、智能辅助工具和电子取证等方面规范化、标准化的智能审查调查。

实现监督和审查调查融合的普遍性。融合智慧监督、查询平台和央地信息系统资源，梳理信息资源目录，改造升级查询登记审批系统，逐步形成信息查询一路多能，审批流程简捷严密，并能支持省、市、县三级独立和协同使用的综合查询应用系统，建立优化与信息资源单位的协作机制，逐步实现自我监督功能。实现审查调查智能协助工具的通用性。针对审查调查工作中话单账单类电子数据人工统计分析任务繁重、效率低、准确率差的问题和移动终端、存储介质等电子设备调查取证中的通话记录、短信、微信、QQ、上网痕迹等取证类电子数据阅读量大、关联性复杂、有效信息提取困难的问题，开发一些通用性强的专项应用工具，逐步建成“工具箱”式审查调查助效工作平台。

实现电子数据调查工作专区的规范性。针对现有取证设备老化，取证能力不足，取证管理环节不完备等不满足工作需求的现状，改造丰富电子数据调查实验室功能。着眼统筹全省纪检监察系统电子数据调查工作，建立硬件设备资源优势互补、技能人才互通的协同工作机制。

（三）智慧监督核心要素的普适性

习近平总书记在十九届中央纪委五次全会中强调，要以党内监督为主导，不断完善权力监督制度和执纪执法体系。十九届中央纪委五次全会还提出，抓深抓实纪检监察体制改革，有效推进党内监督和国家监察全覆盖。这就给我们提出了更新的要求，我们要不断深化党内监督的要素体系，构建起核心要素体系库。传统监督模型的设置，采取了“指标化”的量化模式，即通过设置权重不同的廉政风险点来确立静态化的指标体系，并以此为基础对真实情况的监督环境进行映射，从而达到对监督活动进行系统自动处理分析的目标。这种量化结构的最大特征是指标体系的离散性，很有可能导致因为指标设置“粗粒化”而出现漏监等问题。在现实中，各类监督案件案情情况各异，涉及的可能触发相关监察规范的情形多样，对系统有效进行数据识别、整理提出了新的要求。这就需要在纪检监察要素的提取过程中，对实体原型进行必要的简化抽象，并用适当的规则将其主要特征标注出来，通过监督要素和行为对象之间量化数据关系的相互关联性匹配，实现对纪检监察行为的信息化处理的目的。智慧监督核心要素体系的建成将为发现的线索提供相关法律法规依据，从而提高问题线索处置的质效。

四、完善监督体系需要处理的关系

智慧监督是依托大数据、云计算、移动互联网、5G 技术、人工智能等新技术，采取研发专用程序、在业务信息系统嵌入监督模块及构建模型等方式对海量数据进行分析研判，提高纪检监察机关的办公、办案、服务、决策、管理的智能化水平，内部服务于纪检监察干部办案、办公，外部对重点领域、专项工作及群众身边的腐败进行精准科学监督，并为审查调查工作提供科技支撑的信息化综合平台，是推进纪检监察工作现代化的一种全新监督运营模式。党和国家监督体系是我国国家制度和治理体系的重要组成部分，是党在长期执政条件下实现自我净化、自我完善、自我革新、自我提高的重要制度保障。健全和完善的监督体系必然是多个主体参与互动，监督与被监督主体之间的力量达到相对平衡与和谐。因此，完善和健全的监督体系不能仅从强化监督一个方面单向着力，而应该着力实现监督体系内部和外部的平衡，从而保证权力能够实现特定时期的价值目标，满足人民群众的期盼和需求，完成组织特定的历史使命。完善和健全党内监督体系，可以考虑从调整不同监督主体关系入手，促使权力结构不断优化，运作效率更高，是健全党和国家监督体系、强化权力运行制约监督的必然要求。习近平总书记强调，要以党内监督为主导，不断完善权力监督制度和执纪执法体系。以推动各类监督贯通融合增强监督治理效能。监督贵在日常，要做到经常化、常态化，必须强化制度机制支撑，使各项监督统筹衔接、贯通融合、形成体系。研究制定纪律监督、监察监督、派驻监督、巡视监督统筹衔接的具体办法，整合运用监督力量，增强纪委监委专责监督推动作用。做深日常监督，综合运用走访、调研、督察、谈心谈话等方法，推动监督于问题未发之时，把监督融入区域治理、部门治理、行业治理、基层治理、单位治理之中。探索制定政治生态分析研判评价标准，全面准确研判联系地区和单位的政治生态情况。健全和完善党内监督体系，可以考虑从调整不同监督主体关系入手，促使权力结构不断优化，运作效率更高。

（一）处理好党内监督与党外监督的关系

党内监督体系是在特定的环境下建构和运行的，受到更大的体系的制约和影响。党内监督体系是党和国家监督体系的子系统，因此需要置于党和国家监督体系这个组织场域中进行研究。在党和国家监督体系这个复杂的场域内，存在不同种类的监督。党的十九届四中全会提出健全党统一领导、全面覆盖、权威高效的监督体系，党内监督是其中的一部分，除此之外有人大监督、民主监督、行政监督、司法监督、群众监督、舆论监督、审计监督、统计监督等。党和国家监督这个大系统能否发挥最大效能取决于系统内部各子系统或其组合的协同程度，若各子系统中的人、组织、环境等要素都能有效配合，就能向良性的协同状态持续演化，若系统内部各要素相互掣肘与摩擦，持续内耗，不仅会使各子系统无法正常发挥功能，还会使整个系统陷入混乱无序状态。党的十八大以来，党中央进一步强调党内监督与外部监督的合作，实行“开门反腐”，中央纪委带头在网站公开内设机构、职能等信息，及时向社会通报审查调查的重要案件，点名道姓曝光违反贯彻落实“八项规定”精神的问题，不断完善网络举报平台，方便群众监督，对每件信访举报都要求核实调查。推行国家监察体制改革，各级监察委员会同党的纪律检查机关合署办公，监督对象从党员、干部拓展到所有行使公权力的公职人员，做到党内监督与外部监督同向发力。党的十九届四中全会将协同性作为健全党和国家监督体系的一个重要目标。监督主体和监督种类繁多，协同的技术难度较大。要保证不同监督子系统能够有效协同，必须坚持以党内监督为主导，加强党的领导，发挥反腐败协调领导小组的作用，与健全党的领导能力制度紧密配合，加强党的组织建设，促进各类监督衔接、贯通和联系。对于体制内的各种监督，如行政监督、司法监督、统计监督、审计监督等，需要借助强有力的措施进行整合协调，其中一些措施带有普遍运用性。首先是问责，要加大《中国共产党问责条例》的执行力度，实施精准问责，防止问责异化，通过问责倒逼各类组织主体强化监督并加强相互之间的协调。其次是巡视巡察。全覆盖的巡视巡察可以集中发现问题，利用政治优势，要求有关部门和单位及时整改，及时矫正各类监督有机贯通、相互协调遇到的障碍。再次是制度，进一步修改清理和完善制度，消除制度冲突和矛盾，推动纪法衔接、法法衔接。对于体制外的监督如舆论监督和社会监督等，需要进一步加大党内公开力度，创新社会参与监督的渠道和方式，让群众监督便捷化、低成本。健全监督举报的激励机制，惩治打击报复举报人的行为，保护党员群众的监督权利。加大人工智能、大数据等技术的运用力度，精准发现问题并及时处理，形成手一伸就被查的震慑效应。

（二）统筹协调处理好横向监督关系

党的十九届四中全会提出要坚持权责法定，健全分事行权、分岗设权、分级授权、定期轮岗制度，实质上就是强调从纵向和横向上理清各级政权及各部门的权责。从横向上来看，就是要健全党委（党组）全面监督、纪委专责监督、部门职能监督、基层日常监督、党员民主监督的监督职能体系，实行分事行权、分岗设权。一级政权、一个组织系统往往设有不同的职能部门，横向的权力分工是专业性管理所必需的。横向权力分工的客观存在决定了平行监督产生的必然。每个部门和单位都有自己专有的业务领域。在党内，履行监督专门职责的组织是纪委，但对于专责监督如何界定，理论和实践却有不同的理解。有的人认为监督就是纪委的事情，出了问题找纪委，但有的人认为专责监督是“监督的再监督”。之所以会存在这种理解上的分歧，一个重要原因在于对纪委这一监督主体与其他党内主体关系的认识不完全成熟和定型，二者关系磨合没有完全到位，仍然存在模糊地带和空间。理论上，如果存在专门的监督机构，其他组织就不能越俎代庖。这是其他组织不认真履行监督职责的一个重要理由。这个问题长期以来没有得到很好的解决，一个重要的原因是纪委的职责和任务虽然《党章》中做了规定，但比较原则性，实践中在不断调整和变化。党的十八大以来，中央提出“两个责任”，党委负主体责任，纪委扛上监督责任，然后又提出“一岗双责”的要求，所有岗位人员包括班子成员及其各部门和单位负责人在一个岗位上既要承担业务上的责任，还要承担全面从严治党的责任。纪委从直接监督党组织和党员到督促党内各个监督主体履行监督职责，实行间接监督，让党内其他主体担负起监督责任，从而壮大了监督的力量，增强了监督的效果。实践中的这种变化充分印证了监督与被监督是彼此依存的。党内的组织、宣传等部门既是监督其他组织和党员的主体，也是被监督的对象。实践证明，监督者必须受到监督。纪委履行专责监督，也是党内的一个被监督主体。党的十八大以后，纪委系统成立干部监督室，加大内控机制建设，就是要解决监督者受监督这个问题，但这种内部监督的方式尚未从根本上解决监督与被监督互生的问题，还需要健全完善党内监督机制，发挥党内其他主体和社会监督的作用，强化党外监督。处理好横向监督主体的关系，需要着力处理好关键个体之间的关系。因为一级党组织的领导班子成员往往都是平行监督主体的主要负责人。如纪委、组织、宣传等机构或部门的主要负责人都是党委（党组）的成员。处理好这些机构主体的关系，关键就是处理好一级党委（党组）班长与班子成员、班子成员之间，特别是纪委书记与班子成员的关系。党的十九届四中全会提出要破解“一把手”监督与同级监督难的问题。从监督角度而言，这两个问题其实是一个问题，就是平行监督的问题。之所以出现这些问题，主要原因是监督与被监督的关系失衡。“一把手”权力过大或权力过于集中，可以监督其他主体，但其自身并没有得到对等的监督。因为监督与监督的关系没有理顺，自然就会看到民主生活会制度、批评和自我批评制度等监督制度失灵或低效的现象。尽管有的地方实行“一把手”末位发言、纪委书记首位发言等程序性改革，但只要监督与被监督这一关系失衡现象持续存在，监督者感觉不到被监督的压力，平行监督的问题就不可能解决。因此，需要监督者进一步强化监督与被监督一体的意识，从思想上强化被监督的意识，同时在制度制定和完善时充分考虑监督与被监督关系的平衡。

（三）统筹调整与优化纵向监督关系

从纵向上来看，就是要健全党中央统一领导、党的地方组织各担其责、党的基层组织具体落实的监督组织体系，实行分级授权。上下级之间具有领导与被领导的关系，同时也有监督和被监督的关系。习近平总书记在十八届中央纪律检查委员会第六次会议上指出：“上级对下级尤其是上级一把手对下级一把手的监督最管用、最有效。”在党内监督体系中，自上而下的监督处于主导地位，是上级党组织和领导对下级党组织和党员的监督，俗称为“条条”监督。党委及其各个部门、纪委都有“条条”监督的职责，因而自上而下的监督具有多条管道，并且每条线上自上而下的监督都具有很强的权威性和有效性。上级监督下级之所以最管用、最有效，是组织赋权形成的，也就是说，这种权威性具有内嵌或内生性，是党内组织原则的重要内容。中国共产党是按照民主集中制组织起来的政党，“四个服从”是党的根本组织原则，下级组织必须服从上级组织。与这条组织原则相配套的是党管干部的制度设计，上级党组织决定下级组织干部的使用，党员干部无条件服从组织安排。谁任命使用干部就应当由谁来管理监督，用人与监督融合在一起，进一步强化了自上而下关系的紧密度和权威性。

自上而下的组织监督是维护组织体系生存和发展必不可少的要素。一般而言，组织赋予自上而下的监督力量越强，组织性和纪律性就会越强。但从唯物辩证法的角度而言，任何监督同时都有双向用力的特征，自上而下监督的同时，必然包含或者存在自下而上的监督。缺乏自下而上的监督，自上而下的监督也会失去自身存在的条件，或者减弱自上而下监督的效果。在实践中，经常会存在主体责任缺失和自上而下的组织监督弱化、缺位的现象，该提醒的不提醒，该查处的拖而不决；有的奉行好人主义，大事化小、小事化了，甚至主动“捂盖子”；有的地方和部门都“摊上大事了”，纪委“找上门来了”，主要领导还懵懂地“不清楚”、惊讶地“没想到”。[①] 自上而下的组织监督之所以出现失效或者失灵，一个重要的原因就是其自身的反作用力缺乏或者力度欠缺，上下之间的相互监督严重失衡。因此，要让自上而下的组织监督真正发挥出最有效的作用，必须同时重视自下而上的监督，用自下而上的监督来制约和防止自上而下的监督任性滥用，同时激励自上而下的监督更加精准发力，防止出现监督不作为、慢作为、假作为，避免管党治党出现宽松软。

（四）统筹调整与优化交叉监督关系

所有权力都要受到制约和监督。就监督权而言，如果缺乏有效的监督，一方面，会造成监督的失效或低效，导致组织体共同存在不作为或慢作为。另一方面，监督权不受制约和监督，还会出现过度监督等问题，监督权代替执行权，会严重削弱和影响其他权力行使的积极性。有的监督权还可能蜕化为牟取私利的工具，损害监督主体的声誉和形象，进而严重损害党的声誉和形象。因此，健全完善的监督体系必然是一个相互制约有效同时又相互协作效率较高的体系。

监督权的有限性与监督主体角色存在交叉，紧密相关。监督不是简单的单一线条，而是呈现相互交叉的复杂网络格局。在组织层面，党的不同部门如宣传、组织、统战、政法等不仅仅对下级相应部门进行纵向监督，如上级宣传部门在业务上指导和监督下级宣传部门，同时横向对组织、统战、政法等部门中行使宣传的职能进行指导和监督。但是在管理实践中，对这种交叉

---

① 完颜平：《当前党内监督的重音是“自上而下”》，《中国纪检监察》2017 年第 4 期。

性关系的认识并不充分，往往强调业务上的指导，对于工作执行效果的监督不够。因为业务虽然做了分工，但在保障业务执行的手段措施上，有关业务部门并没有强制性的手段和措施，如纪律处分、组织处理由专门部门或机构行使，其他部门必须通过这些部门或机构才能行使。因此，在面对具体的事和人的时候，往往衔接得不够，不能形成一个统一的整体，最后导致管党治党出现真空地带。党的十八大以来，巡视制度发生了很大变化，比较有效地解决了交叉监督存在的弊端，增强了监督体系的系统性和协调性。但巡视是阶段性而非日常性的制度安排，巡视内容、策略、力度在不同阶段变化也很大。在发挥党内监督体系整体性功能方面，发挥巡视作用的同时，还得强化党内各监督主体统筹，强化大局意识和观念，强化相互配合协调，增强制度的衔接和信息共享，提高组织体系运行的效率，保证权力运行的质量。

监督的交叉性与党员主体的分布及其监督权力行使有关。党员呈现原子化状态分布在不同部门和各条战线。虽然强调个人服从组织，但党员作为一个独立存在的有血有肉的自然个体，有着自己的现实利益需求，对于监督的态度、认识各不相同，监督能力强弱、主观愿望、参与积极性等个体差异性很大。党员可以对所有党组织提出批评和建议，开展监督。例如在宣传部门工作的党员，可以监督组织部门、纪委的工作。党员参与党内事务越多越广，监督的交叉程度可能越深。党员参与的交叉监督越多，越能充分暴露某些党组织存在的问题，从而增强监督体系运行的效果。但在实践中，交叉监督往往发生在与党员利益直接相关的事情上，如党员权利没有得到保障，纪律处分、组织处理不合理等。党组织存在的问题，如党内决策不合理、程序违法、纪律松弛等关注和参与得较少，一方面反映出党内公开力度不够，党员的知晓权、监督权保障不充分，另一方面反映出党员参与监督的主动性和积极性不高。健全完善党内监督体系，不能脱离广大党员。今后可以从交叉监督角度，加大党内公开力度，与时俱进创新公开形式和方式，除了公开本系统、本行业、本单位党务信息之外，尽量让广大党员有渠道了解更多的党内信息。坚持和弘扬党内优良传统，培育浓厚的批评和自我批评氛围，发扬党内民主，让党员更多地参与党内事务和管理。

五、制订长远规划

从“大数据”学科发展的自身规律性进行解读，群体数据在短期内可能无规律可循，但随着跨年度、跨地区的数据越来越多，群体的行为特点就在数据上呈现出一种“秩序、关联和稳定”，更多的规律将浮出水面。大数据最鲜明的特点“大”，大到足以从看似毫无关联的诸多案例中寻到共同“密码”、大到足以从一切看似形态各异的腐败现象中找到规律。因此，透过越发丰富的反腐败案例数据，可以从中解析腐败从量变到质变的时间节点、因何原因而败露等规律性数据，进而定向研究发现腐败的新动向、制度中的漏洞、防范机制构建等，为深入推进全面从严治党提供参考，也为扎牢制度“笼子”提供服务。如沈阳市纪委监委运用大数据开展监督的主要思路是案件开路，形成震慑，多维比对，深挖问题，推动整改，完善体系。案件开路，形成震慑。通过查办案件，对职能部门形成有效震慑，同时深入分析案件中暴露问题的根源，通过大数据比对发现共性问题的突破口。多维比对，深挖问题。深入了解问题产生的原因，特别是行业内的“潜规则”，由纪检监察干部、大数据专家、相关领域业务骨干共同研究构建相应的数据模型，通过现有的数据比对出相似问题。推动整改，完善体系。将所发现的问题按照流程转至职能部门，督促整改落实的同时，推动职能部门完善应用系统，促进治理体系优化，从制度、技术上防范类似问题发生。如江苏省纪委监委注重信息化建设，特别是大数据等前沿技术的应用，坚持业务需求引领，市、县试点推进，基础保障到位，运用现代信息技术提升办公管理、监督检查、执纪执法的水平，为打好三大攻坚战等核心监督工作提供了有力抓手。但是，一方面，我国现阶段纪检监察机构应用大数据的技术还不成熟，数据的收集存储、挖掘分析等都还比较薄弱，还缺乏对数据的深度分析，尤其是对主要指标的深度解读，仍缺乏一套适合国情的符合发展需求的成熟的大数据信息系统体系。另一方面，纪检监察机关对运用大数据开展纪律审查和监督建设的重要性、紧迫性认识不足，只停留在建网站、设微信公众号、发微博等网络应用宣传层面，对技术研发、储备还需进一步加强，在构建大数据平台、整合数据化资源上还有待进一步完善。面对大量的非结构化数据，需要更专业的数据挖掘与处理技术，对数据的来源、科学性、逻辑性等方面进行判断，最后进行加工整理。同时，纪检监察工作运用的大数据还涉及税务、金融、公安、房产、国土等跨部门、跨领域、跨地区大数据，因此需要规划、建构一条综合性、多方面，在诸多环节发挥作用、相互配套的数据链条，打破“数据壁垒”和“信息孤岛”，实现纪律审查和监督建设中不同层次、不同领域、不同定位的各种规章、规则、细则、机制、体制相互耦合衔接的数据体系建设目标。当前纪检监察统计在大数据背景下也面临着职能、方法、体系、人员技术等困境。要发挥大数据的巨大应用价值，就应该紧随时代潮流，积极转变纪检监察信息化应用职能，优化技术方法，增加信息化投入，完善指标体系，推动纪检监察统计的进一步发展。在结合先前的构建现状分析和最新的大数据与行政监督公众参与的理论知识基础上，先明确建立符合时代要求和便捷安全有效的公众参与机制的构建目标及坚持合法性与合理性、创新性与科学性、开放性与安全性相统一的构建原则，再进一步从做好顶层设计、完善法律法规、增强数据意识、改进参与平台、拓展大数据技术、保障人财物支持、再造机制运行和技术流程等方面分析机制的构建路径。

智慧监督体系的形成，从政治上看，更加注重治本，更加突出治理，更加着眼长远，体现出智慧监督的内在要求和本质特点；从全局来看，更加注重点线面体的结合，更加突出系统观念，以更加积极主动和科学理性的方式，对智慧监督建设提出新思路；从实际工作来看，更加注重监督和审查调查的贯通融合，更加突出理论研究成果转化为实践应用，逐步构建起普适性较强的数据模型；从马克思主义哲学角度来看，要以强有力的政治监督，确保党中央重大决策部署贯彻落实到位，加强政治监督是马克思主义政党的组织优势，是我们党不断战胜风险挑战、取得伟大胜利的力量保证。

参考文献

[1]W J MITCHELL. City of bit:space,place,and the infobahn[M]. Cambridge, Mass:MIT Press,1996:111.

[2]莱斯格. 代码 2.0:网络空间中的法律[M]. 李旭,沈伟伟,译. 北京:清华大学出版社,2009:9.

[3]马克思恩格斯全集:第 45 卷[M]. 北京:人民出版社,1985:652.

[4]马克思恩格斯全集:第 1 卷[M]. 北京:人民出版社,1995:176,138-139.

[5]周立斌. 卢卡奇的物化理论及其演变[M]. 北京:中国社会科学出版社,2012:25.

[6]卢卡奇. 历史与阶级意识——关于马克思主义辩证法的研究[M]. 杜章智,等译. 北京:商务印书馆,1996:174.

[7]考夫曼,哈斯默尔. 当代法哲学和法律理论导论[M]. 郑永流,译. 北京:法律出版社,2002:148.

[8]博登海默. 法理学:法律哲学与法律方法[M]. 邓正来,译. 北京:中国政法大学出版社,1999:275.

[9] 哈贝马斯. 在事实与规范之间: 关于法律和民主法治国的商谈理论[M]. 童世骏,译. 北京:生活·读书·新知三联书店,2003:168.

[10]刘益东. 人工智能科学:科学研究的第六范式[J]. 未来与发展,2020(6):1.

[11]魏德士. 法理学[M]. 丁晓春,等译. 北京:法律出版社,2007:295.

[12]贾开. 人工智能与算法治理研究[J]. 中国行政管理,2019(1):18.

[13]任蓉. 算法嵌入政府治理的风险及其防控[J]. 电子政务,2021(7):35.

[14]王张华，颜佳华.人工智能时代算法行政的公共性审视——基于“人机关系”的视野[J].探索,2021(4):82.

[15]王贵.算法行政的兴起、挑战及法治化调适[J].电子政务,2021(7):10.

[16]朱婉菁.算法维度下人工智能嵌入治理的风险研判及政策因应[J].天津行政学院学报,2020(6):12.

[17]陆凯.美国算法治理政策与实施进路[J].环球法律评论,2020(3):6.

[18]韦斯特.下一次浪潮:信息通信技术驱动的社会与政治创新[M].廖毅敏,译.上海:上海远东出版社,2016:3.

[19]陈鹏.治理的算法和算法的治理[J].观察与思考,2020(1):103.

[20]梁正.算法治理的基本路径与核心理念[J].国家治理,2020(9):76.

[21]唐林垚.公共卫生领域算法治理的实现途径及法律保障[J].法学评论,2021(3):96.

[22]奥尼尔.算法霸权:数学杀伤性武器的威胁[M].马青玲,译.北京:中信出版集团,2018:25.

[23] 张欣.算法解释权与算法治理路径研究 [J].中外法学,2019(6):1428.

[24]郑崇明.警惕公共治理中算法影子官僚的风险[J].探索与争鸣,2021(1):173.

[25]克兰.机械的心灵:心灵、机器与心理表征哲学导论[M].杨洋,等译.北京:商务印书馆,2021:13.

[26] 李牧翰.数字时代下算法滥用法律治理之完善 [J].云南社会科学,2021(3):134.

[27]舍恩伯格,拉姆什.数据资本时代[M].李晓霞,周涛,译.北京:中信出版集团,2018:63.

[28] 苏令银.智能时代算法治理的合理性证成 [J].云南社会科学,2021(3):110.

［29］弗洛里迪. 第四次革命：人工智能如何重塑人类现实［M］. 王文革，译. 杭州：浙江人民出版社，2016：46—47.

［30］戴森. 图灵的大教堂：数字宇宙开启智能时代［M］. 盛杨灿，译. 杭州：浙江人民出版社，2015：8.

［31］舍普，等. 技术帝国［M］. 刘莉，译. 北京：生活·读书·新知三联书店，2004：102.

［32］舍恩伯格. 删除：大数据取舍之道［M］. 袁杰，译. 杭州：浙江人民出版社，2013：101.

［33］麦克卢汉. 理解媒介：论人的延伸［M］. 何道宽，译. 南京：译林出版社，2011：11.

［34］山西大学科学技术哲学研究中心. 爱思唯尔科学哲学手册：信息哲学［M］. 北京：北京师范大学出版社，2015：110.

［35］张明仓. 虚拟实践论［M］. 昆明：云南人民出版社，2005：65.

［36］穆尔. 赛博空间的奥德赛：走向虚拟本体论与人类学［M］. 麦永雄，译. 桂林：广西师范大学出版社，2007：33.

［37］多明戈斯. 终极算法：机器学习和人工智能如何重塑世界［M］. 黄芳萍，译. 北京：中信出版集团，2016：3，6.

［38］奥尔斯瓦尔德. 代码经济：从远古食谱、城市到区块链、人工智能［M］. 高子平，等译. 上海：上海社会科学院出版社，2019：24.

［39］索托伊. 天才与算法：人脑与 AI 的数学思维［M］. 王晓燕，等译. 北京：机械工业出版社，2020：4.

［40］卡斯蒂. 虚实世界：计算机仿真改变科学的疆域［M］. 王千祥，译. 上海：上海科技教育出版社，1998：19，220.

［41］索尔. 账簿与权力［M］. 侯伟鹏，译. 北京：中信出版集团，2020：236.

［42］海姆. 从界面到网络空间：虚拟实在的形而上学［M］. 金吾伦，刘钢，译. 上海：上海科学普及出版社，2000：79.

［43］波斯特. 信息方式——后结构主义与社会语境［M］. 范静哗，译. 北

京:商务印书馆,2000:87,131.

[44]卢曼. 法社会学[M]. 宾凯,译. 上海:上海人民出版社,2013:183.

[45]范玉吉. 基于“权力—权利”二元结构的算法治理研究[J]. 青年记者,2021(4):89.

[46]张凌寒. 权力之治:人工智能时代的算法规制[M]. 上海:上海人民出版社,2021:31.

[47]托依布纳. 法律:一个自创生系统[M]. 张骐,译. 北京:北京大学出版社,2004:10.

[48]内格尔. 科学的结构——科学说明的逻辑问题[M]. 徐向东,译. 上海:上海译文出版社,2002:122.

[49]邬琨. 信息哲学——理论、体系、方法[M]. 北京:商务印书馆,2005:72.

[50]斯坦纳. 算法帝国:前言[M]. 李筱莹,译. 北京:人民邮电出版社,2014:5.

[51]迪尔. 后现代都市状况[M]. 李小科,译. 上海:上海教育出版社,2004:73.

[52]霍洛克斯. 麦克卢汉与虚拟实在[M]. 刘千立,译. 北京:北京大学出版社,2005:88.

[53]列斐伏尔. 空间与政治[M]. 李春,译. 上海:上海教育出版社,2005:44—45.

[54]郭贵春. 走向语境论的世界观:当代科学哲学研究范式的反思与重构[M]. 北京:北京师范大学出版社,2012:345.

[55]多斯. 从结构到解构(上):法国20世纪思想主潮从结构到解构[M]. 季广茂,译. 北京:中央编译出版社,2010:25.

[56]冉思伟. 当代空间问题的辩证向度研究[M]. 杭州:浙江大学出版社,2018:111.

[57]恩格斯. 自然辩证法[M]. 北京:人民出版社,1971:192.

[58]怀特海. 科学与近代世界[M]. 何钦,译. 北京:商务印书馆,1959:36.

[59]卡尔纳普. 世界的逻辑构造[M]. 陈启伟,译. 上海:上海译文出版社,2008:3.

[60]李建会. 走向计算主义[M]. 北京:中国书籍出版社,2004:197.

[61]哈维. 后现代的状况[M]. 阎嘉,译. 北京:商务印书馆,2003:318.

[62]陈鹏. 智能治理时代的政府:风险防范和能力提升[J]. 宁夏社会科学,2019(1):78.

后　记

本课题成果系2021年度山西省创新生态建设顶层设计研究重点项目“智慧监督工程理论研究”和2021年度内蒙古纪检监察大数据实验室开放课题“大数据技术视域下监督贯通底层模型设计问题研究”的最终研究成果。

2020年12月，中央纪委国家监委信息中心批复同意山西省作为全国纪检监察信息化监督平台省级试点单位。试点工作开展以来，按照中央纪委国家监委关于建设信息化监督平台总体部署，山西省纪委监委高度重视，坚决扛起试点工作责任，把信息化监督平台建设作为推动全省纪检监察工作高质量发展的重要抓手，高标准谋划，精细化施工，积极推动信息化监督取得实实在在的成效。为进一步推动监察信息化理论研究工作，在山西省纪委监委领导下，我们申请了山西省科技厅战略专项项目并获得批准。在相关领导支持下，课题组按照“贯通监督、形成合力，一体推进、服务基层，数据打通、保障办案，问题导向、助力‘三不’，筑牢底线、确保安全”的信息化监督建设总体工作思路积极开展相关理论研究。通过深入研究信息化监督概念内涵、模型普适性及监督要素相互之间的逻辑关系，从理论层面探索技术手段实现“不敢”“不能”，进而“不想”的理论和现实路径，并最终形成了本研究成果。在课题研究过程中，我们始终坚持以党内监督为主导，不断完善权力监督制度和执纪执法体系的总体工作要求。在理论研究中提出不断深化党内监督的要素体系，构建核心要素体系库，是不断完善权力监督制度和执纪执法体系的重要内容的总体思路。针对现实中各地各部门情况各异，涉及的可能触发相关监督规范情形多样，提出了需要在纪检监察要素的提取过程中，对实体原型进行必要的简化抽象，并用适当的规则将其主要特征标注出来，通过监督要素和行为对象之间量化数据关系的相互关联性匹配，实现对监督行为信息化处理的总体实现路径。最终围绕提高监督工作规范化、法制化水平，实现政治效果、纪法效果、社会效果相统一提出了制度设计的设想。

在此课题成果即将出版之时，我们由衷感谢山西经济出版社编辑解荣慧的认真工作，期待我们的研究成果能够为纪检监察信息化建设提供一定的理论参考，并做出我们的贡献。

褚尔康　彭瑞峰

2022 年 10 月 24 日